JN125901

BUILD YOUR DREAMS

子どもから高齢者まで

誰もが安心して暮らしていくために

ＢＹＤは日本の未来に寄り添う乗り物を開発しました。

２０２０年春、

量産型小型電気バス　Ｊ６　が日本を走ります。

https://www.bydjapan.com

　2020年版の年鑑バスラマをお届けする。本書は日本で生産される自動車の総合カタログ「自動車ガイドブック（日本自動車工業会編）」に倣い，同ガイドブックでは数ページに収まるバスに特化して，より詳細な特徴やスペックを十分なスペースでまとめている。併せて本書は，バスに固有の機器・用品，バス業界や周辺環境の動き，さらには日本のバス業界とは無関係ではないはずの海外の最新型バスの情報などをまとめた業界関係者必読の"バスのイヤーブック"を目指してきた。2018年版までは毎年12月に発行してきたが，昨年の2019年版から1月発行に改めた。従って最新版は2019年1月〜12月に登場した新型バスと国内バス動向を網羅している。

　この10年間ほどで国産バスは事業の合理化と採算性確保を目指して車種の統合を進め，結果としてバス事業者にとっての選択肢を減らしてきた。年鑑バスラマもこれに対応して海外のバスの紹介ページを拡充してきたが，国内バス事業者が選択肢を海外に求める傾向も生まれている。国産新型バスで外観の変更を受けたものは少ないが，法規制への対応で改良を受け，安全性と信頼性が強化されてい

る。一方バス業界は，電動化，自動運転やMaaSなどへの対応に関心を寄せている。2019年も各地でバスを使用した自動運転の実証実験が行われたが，大きな話題を集めたのは新たな電気バスの登場であり，新登場の電気バスに象徴される輸入車が事業者の選択肢を少しずつ増やそうとしている。今回の年鑑バスラマでは2020年発売予定のモデルを含めて，中国製の3社7車型の電気バスが加わった。地球温暖化防止を見据えて電気バスは世界規模で急速に台数を増やしているが，水素で発電する燃料電池バスを除けば，依然として本格的な国産化はなされておらず，国を挙げての環境対策で開発が進んだ中国製が日本上陸を進めるのは当然の動きといえよう。

　将来，2020年は「日本の電気バス元年」といわれるかもしれない。一方で，日本の電気バスには実は一世紀近くの長い歴史があるという解説記事も用意した。海外の新型バスも話題の車両を集めると電気シティバスに代表されるのが世界のバスの潮流である。日本のバス業界も過去の経験に学びながら，地球環境を保全するうねりの中でどのような存在感が示せるのかが問われている。

Contents

表紙写真　上：フロントマスクを一新した三菱ふそうエアロエース（菰野東部交通），中：いすゞと日野が発売したハイブリッド連節バス，下：東京・池袋で2019年11月から運行開始した10輪駆動の電気バス・e-COM10

巻頭言

2020年　日本のバスが直面している話題から

和田由貴夫

電気バスが一段と身近に

　ハイライトのページでもご紹介したように，2019年11月18日，東京・葛飾の京成ドライビングスクールで開催された第5回バステクin首都圏には17台のバスが参加した。バステクin首都圏並びに大阪で開催されるバステクフォーラムには数々のバス関連機器・用品や技術展示とともにバスメーカー，二次架装メーカーが自慢の最新型バスを展示する。これらのバスは展示のみならず，一部は実際に走行してハンドリングや乗り心地を試すことができるのが本イベントの大きな特徴だが，今回の東京のイベントでは車両の国際化が目立った。日野，いすゞ，三菱ふそうの国産ブランドに加えて，韓国製，中国製，スペイン製の完成車，スウェーデン製のシャーシーにオーストラリアで完成したボデーの車両もあった。

　2011年，UDトラックスの撤退により，国産の大・中型バスは3車種に絞られた。車型を大別すれば大型観光系は2タイプ，路線系も2タイプのみであり，中型バスは観光系，路線系それぞれ1タイプしかない。過去10年で選択肢を減らしてきた国内のバス事業者が国産車で調達できない車両を海外に求めるのは必然であろう。バステクin首都圏に展示された車両が国際的になったのは，こうした国内バス市場が象徴的に示されていた。

　特に今回のイベントでは中国製の電気バス完成車が，試乗車として登場したことで注目が集まった。電気バスは国内のバス事業者の大きな関心を集めているものの，国内で調達しようとすれば国産バスの改造車しか方法がないのが現状であり，関心を寄せていた電気バス先進国・中国の完成車を体験するには絶好のタイミングだったからである。もちろん国内でも国産大型電気バスは運行している。

　しかしいずれもメーカー完成車ではない。国産電気バスのメーカー完成車は小型バスの日野ポンチョが唯一の例だが，現在は販売されていない。一方，中国では圧倒的な勢いで電気バス化が進んでいる。大気汚染が深刻といわれる中国で電気バスが普及することは，地球の自転が変わらない限り，日本にとっても好ましいはずだが，そうした議論はさておき，国際社会で問われている地球温暖化に多少なりとも寄与するといわれる電気バスに，国内バス事業者が関心を寄せるのは明らかだ。バス事業者の経営指針は常に社会の関心とともにあるからで，今回のバステクin首都圏で電気バスが注目を集めたのは当然だった。

　現在国内で大・中型バスのメーカーはジェイ・バスと三菱ふそうバス製造の2社である。しかしともにディーゼルエンジンメーカーの傘下にあり，ディーゼルエンジンを搭載しないバスの製造は想定外である。従って国内で電気バスを調達する場合は，購入した完成車から改造メーカーがエンジンやコンポーネントを外した上で，モーターやバッテリーを搭載して電気バス化する必要がある。また国外の電気バスは電気バス専用にボデーが設計されているものがほとんどだ。本誌の読者にもおなじみのヨーロッパのメーカーで電気バスに積極的なソラリスやVDLは，基本的にディーゼルエンジンメーカーとは独立していることもあり，電気バス専用設計のボデー，すなわち軽量なボデーを用意している。もちろんディーゼルバスにとっても軽量化は恩恵をもたらすから，これまでディーゼルエンジンをメインにしてきたメーカーもボデーのフルモデルチェンジを進めて電気バスに代表される新しい時代への対応を進める。

　三井物産は将来の電気バス市場を有望視して，ポルトガルのバスメーカー・カエターノに投資，電気バスシャーシーの製造ラインを

最新型バスが集うバステクin首都圏を日本初公開の場に選んだ中国常隆客車製の電気バス・アルファバス。展示のみならず試乗車としてエントリーしたが，試乗には毎回多くの参加者が乗り込み，電気バスへの関心の高さを見せつけた。2020年の本格発売を目指して準備を進めている

作った。これによりカエターノはボデーのみならず，自らの電気バスシャーシーをほかのバスメーカーに販売する力を手にした。そのシャーシーを日本に売り込むことも想定していたと思うのだが，現状では「バスボデーを完成するバスメーカー」は日本にはない。具体的にはジェイ・バスがカエターノのシャーシーでバスを完成する方法が現実的だが，既存のバスボデーを前提にするのであれば，完成車輸入の方が早いのかもしれない。カエターノはトヨタ自動車のSORAのコンポーネントでもイギリス市場向けの水素燃料電池バスを開発したが，この完成車を日本に輸入する方法がとれないものか。関心が寄せられる。

実はバステクin首都圏には，別のブランドの電気バスが登場する期待もあった。完成車の船積みのスケジュールで実現しなかったのは残念だが，本誌でもご紹介したことがある中国の大手バスメーカーの完成車である。近い将来，誌面を通じて，あるいは本誌のイベントで体験していただく機会があるかもしれない。いずれにしても2020年は日本における電気バスのターニングポイントになると予想される。

ドライバー不足の先に見えるもの

近年のバスドライバー不足はバス業界の大きな問題になっている。ドライバーが充足しないため，収益性の高い高速路線の増発を断念して一般路線の運行を維持しなければならない実情は，バス事業の収益性に影響すると同時に，当然，都市間バスの利用者にも及ぶ。バス事業者では定年を迎えた乗務員がそのまま乗務を続けるのは珍しいことではなく，地方では営業所の運行管理者や現場長がハンドルを持つ例も珍しくはない。まさに現場を挙げて運行を維持しているのが実情といえる。

人手不足はバスの運行だけでなく，運行を支える整備部門でも要員不足が深刻だし，トラックやタクシーの乗務員の高齢化は一層進む。いまや日本のサービスの現場では人手が潤沢な職種を探す方が大変な状況である。本誌では昨今の状況を「お客様になりたがり症候群」と呼んできたが，いまや日本では誰もがサービスの受け手にだけなりたがろうとしている。それはサービスの高度化や顧客満足度を向上するシステム作りがもてはやされてビジネスモデルとなった結果でもある。ファストフードのカウンターでアルバイトしていた人も，勤務が終われば「自分へのご褒美」を探している。"おもてなし"が日本の独自の文化だという意見も聞こえてきたが，それはおもてなしを受ける人が，もてなす人の苦労を知っていることが前提の文化なのであり，もてなされる人だけが得をする世の中はあり得ない。

話をバス事業に戻すが，バスドライバーに接客が求められ笑顔のサービスを求められるようになったのはいつ頃からだったろうか。路線バスに車掌さんが乗っていた時代を知る人は既に50代後半を超えていると思われるが，大都市では1960年代の前半から急速に普及したワンマンカーは，バス事業の効率化を進めた。しかしその効率化は，乗客の様々な問い合わせに対応してきた車掌業務をすべてドライバーに課すことで実現した。「人と話がしたくないからバスの運転士になった」という人々も多かった時代，マイクを付ければ成立したワンマン化に戸惑う利用者は多かった。それもバス離れの一因だったが，その後のワンマン機器や車両の技術進化などバスのサービスレベルを維持する努力は功を奏して，次の段階として接客対応の向上が求められるようになったのだと思う。ドライバー自ら

Electric Buses Have Become More Intimate

15 units of buses participated in our 5th Annual Bustech in Shutoken which was held in November of 2019. Along with being put on exhibit, it is noteworthy that some of the vehicles can be taken on test rides. The event was notable for the vehicles becoming international. Along with three domestic models, there were complete models manufactured in South Korea, China, and Spain, as well as the bus with the Swedish chassis having the body manufactured in Australia. As the choice of domestic buses is growing smaller, it is natural for the bus operators to look for buses overseas. This is the reflection of that fact. Especially attracting attention was the electric bus completed in China. As the only domestic electric buses are conversions, it was a perfect timing to experience the completed bus of China which is an advanced country in terms of electric buses. Buses are presently manufactured by 2 manufacturers in Japan, but as they are subsidiaries of diesel vehicle manufacturers, manufacturing buses that are not powered by diesel engines are out of the question. Solaris and VDL which are active manufacturers of electric buses in Europe are basically independent from the manufacturers of diesel engines, and offer light buses designed exclusively as electric buses. Mitsui & Co. considers the electric bus market as having potential, and has invested in Caetano, the Portugal bus manufacturer, to build a manufacturing line for chassis of electric buses. Along with the bodies, it has become possible for Caetano to sell their electric bus chassis to other bus manufacturers. Even if the chassis were to be brought to Japan, there are no bus manufacturers to complete the bus body. It might be realistic for J Bus to complete the body on Caetano's chassis, but if the present bodies were the prerequisite, it might be faster to import a completed bus. Caetano has developed a fuel cell bus for the UK market utilizing the components of Toyota's SORA, but aren't there any methods to import the completed bus to Japan? It is expected that 2020 will be the turning point for electric buses in Japan.

What Can Be Found Beyond Drivers' Shortage

In recent years, driver shortage has become a big problem facing the bus industry. It is not uncommon at bus operators to find drivers exceeding their retirement ages to remain with the company and drive while also being operation managers and leaders at the depot. It is taking the complete efforts of the field to continue operations. Labor shortage also applies to mechanics as well. In Japan, it is becoming difficult to find an occupation in the service field with plenty of labor. We have named this recent trend as "everyone wanting to be served syndrome". In Japan, people tend to want to be just served. We consider the hospitality of the Japanese bus drivers to be the top level of buses worldwide. In the Japanese culture of Omotenashi, the prerequisite is that person receiving hospitality understands the hardships of the person providing the hospitality. The world where only those receiving hospitality can gain is all but impossible.

On routes serving many passengers daily, it is possible to find passengers saying "thank you" as they get off the bus, but the traffic conditions surrounding buses are not kind to buses. Even if there are priority signals and lanes, buses are not provided the priority that are envied by the surrounding vehicles. If buses were to become more convenient, the merits will be felt by the civilians as productivity of the society will improve, and social costs will be contained. In spite of the role and system being in place, the problem is lack of policies. With shortage of drivers, there is interest in autonomous driving. The spread of autonomous driving is preferable for passenger cars as the passengers have private relationships, but there is a problem of security for buses as they serve the public. In reporting about the various attempts a autonomous driving, we have yet to hear a clear answer that will make us feel secure. According to recent reports, securing safety of passengers and dispatching security guards will become a business exceeding several billion yen for the security companies. It may be an attractive development for a new company, but if that sum were used on buses of today, buses will become that more convenient.

What We Can Do In 2020

Tokyo Olympic and Paralympic Games will be held in 2020. In 2020, we will also be celebrating the 30th anniversary since Busrama was first published. It is predicted that we will be facing many new subjects which cannot be covered by focusing exclusively on buses as in the past. In local areas, buses are transporting parcels which had previously been handled by trucks, and omni-taxis are also being operated. Necessity to draw the line between buses and trucks, buses and taxis, and even buses and trams as well as trains may be getting weaker. In that sense, placing emphasis on "buses which are tools close to the living of the people", we would like to seek information from a broader source so that we can search for a daily tool for mobility which is beneficial for the passengers, and the society as a whole.

人口減少と高齢化の進展は全国に共通するだけに，地域の人々の交通手段の確保は社会の大きな課題である．採算面からバス運行が困難で撤退した地域では自治体がデマンドバスや乗合タクシーを用意する．タクシーがバスを代行したり，宅配荷物をバスが運んだり，既存の法の枠組み超えた"ボーダーレス化"の時代が始まっている．写真は利用者の元へ向かう長野県飯綱町のi（アイ）バス（デマンドワゴン）．あらかじめ運行時刻が決まっており，予約がないと運行しない．運行を担当するのは長電バス

「バスドライバーはサービス業です」と語るのも既に30年の歴史がある．その結果，筆者の経験でも，日本のバスドライバーのホスピタリティは世界トップレベルにあると考える．しかしおもてなしをする側とされる側の関係という観点で，ドライバーの意識と乗客のそれにはギャップがある．そこに日本の社会で「お客様になりたがり症候群」を指摘したくなる理由がある．

通勤通学や地元の買い物で利用する乗客が多いバス路線では「ありがとう」の一言で下車していく乗客も少なくない．乗客は移動の時間をバスドライバーに委ねている一種の運命共同体であり，相手のことを慮（おもんぱか）れる人は少なくない証左であろう．しかしバスを取り巻く交通環境は依然としてバスにやさしくはない．優先信号や優先レーンがあるといっても，周囲の車両の利用者から羨望のまなざしを受けるような優先権は与えられていない．

バスが利便性を高めれば，社会の生産性は向上しソーシャルコストの抑制になり，そのメリットは市民に還元される．そうした役割を持った交通機関であるにもかかわらず，またそうした公式が見えているにもかかわらず施策が伴わないところに課題がある．バスのあり方をきちんと位置付けることが，バスドライバー不足を改善する上で，大いに貢献する．

最近ではバスのドライバー不足が問われる中で，あたかも救世主のように無人運転に関心が集まる．利用者がプライベートな関係の乗用車には安全性からも普及してほしい技術だと思う．バスに注目が集まるのは定時定路線で使われるため安定した実験データが得られるからだろう．しかしバスはパブリックな利用者を対象にしているところが特性である．セキュリティは万全だろうか．想定する利用者以外は乗せないとか，カメラで監視すれば予期せぬ事故を防ぐといわれているが，自動運転を仕掛ける様々な人々に尋ねても，筆者が安心するような明確な回答は聞こえてこない．最近の報道によれば乗客の安全確保や，ガードマンの派遣はセキュリティ会社にとって数十億円のビジネスを生み出すという．新規参入事業者にとっては確かに魅力的な展開だと思うのだが，そこで発生する費用があるのなら，それを現状のバスに投資するだけでも，バスははるかに利用しやすい交通手段になるのではないだろうか．

2020年にできること

2020年が開幕した．7月に開催される東京オリンピック・パラリンピックに向けて官民が動き出した感がある．市民を挙げて盛り上がった1964年の東京オリンピックを知る立場としては，一般市民の盛り上がりが欠けるのではないかといった懸念に耳を傾ける意味はないと思うが，敗戦国といわれた日本が高度経済成長とともに招致した戦後最大のイベントは，我々庶民にも大きな変革をもたらした．都心の小学生だった筆者には幹線道路拡張の影響で転校生が増え，その後の少子化の基礎になったと思うのだが，首都高速道路の高架が出現し，「夢の超特急」が走り出して，身の回りだけでなく劇的な変化が訪れた．当時は知るすべもなかったが，オリンピックを控えて大量のボンネットバスが都内から地方都市に売却された．当時の関係者にもボンネットバスは旧態依然に見えたようである．

今回の東京オリンピック・パラリンピックが，先回同様我々の目に見える変化をもたらしてくれるのかどうかはわからない．国産連節バスが優先走行をし，水素燃料電池バスが集中配置される，その程度は聞こえている．東京モーターショーではオリンピックで実用化される無人走行の小型バスも紹介されていたようだ．このあたりまでは既に世界で実現している技術なので，初見ではなく，東海道新幹線のようなインパクトよりもむしろITやAIのような目には見えにくい技術の進化が体験できるようになるのだろう．

その2020年はバスラマが創刊して30周年という節目の年である．こちらは純粋に弊社にとっての一大イベントだから内輪では，読者とともに大いに盛り上がりたいと考えている．30周年は10周年や20周年，初めて世紀という言葉が使えた25周年と同じアニバーサリーの一つの通過地点だが，周囲の交通環境を考えていくと，これまで特化してきたバスだけでは取り扱えない様々な事象に遭遇することが予想される．既に地方のバスはトラックが担当していた宅配荷物を運んでいるし，乗合タクシーも走っている．バスとトラック，バスとタクシーの境界線は日本の法律に基づいているが，境界線の必要性が問われるようになった．同様にバスと路面電車や鉄道の境界線が従来どおりである保証はないのかもしれない．その点で本誌は基軸を「人々の身近な生活の道具であるバス」に置くことは変えないが，必要に応じて広範に情報源を求め，利用者の立場でメリットがある，すなわち社会にとってメリットがある，移動に関わる生活の道具を探求していきたいと思う．

（わだゆきお・バスラマ編集長）

国内バスハイライト 2019

The High light of Domestic Buses 2019

3月に京浜急行バスが導入した燃料電池バス・トヨタSORA．民営バスでは初めてのSORAで，東京都内の臨海地区を運行している

Keihin Kyuko Bus became the first private bus operator to obtain Toyota's fuel cell bus SORA.

2019年，国産バスは法規制に伴う排出ガス低減装置などの自己診断装置「高度なOBD」の搭載を機に，安全装備の充実など改良を図る車型が多かった．↑三菱ふそうエアロクィーン／エアロエースは現行スタイルのデビュー（2007年）以来初となるフェイスリフトを実施するとともに，ドライバー異常時対応システムEDSS，左折時巻き込み防止警報アクティブ・サイドガード・アシスト，強化型衝突被害軽減ブレーキABA4などを装備した．➡いすゞエルガ／日野ブルーリボンはドライバー異常時対応システムEDSSなどを標準装備した．三重交通のいすゞエルガ2TG-LV290Q3．【YM】↓日野セレガ／いすゞガーラは2018年に採用したEDSSの機能を強化し，システムがドライバーの異変を感知することで自動停止する自動検知式EDSSを全車に標準装備した．写真はドライバーが意識を失ったケースを想定したデモンストレーションで自動停止するセレガ
〈文末の【 】は撮影者のイニシャルを示す＝104ページ参照〉

連節バス

近年その需要が輸入車で賄われてきた連節バスに，5月，シャーシー・ボデーとも国産の
モデルが登場した．いすゞと日野の共同開発によるエルガデュオ／ブルーリボンハイブリッ
ド連節バスで，エルガ／ブルーリボンをベースに日野製ハイブリッドシステムを搭載，
ターンテーブルやアクスルなどに海外製コンポーネントを採用する．2020年の東京オリン
ピック・パラリンピックにおける大量輸送のほか，社会問題となっているバスドライバー
不足への対応策としても期待がかかる《第23回バスラマ賞受賞》

First domestic hybrid articulated buses were introduced by Isuzu/Hino.

福岡市内で連節バスを運行する西日本鉄道は，7月から北九州市内でも運行を開始した．
西鉄バス北九州の幹線である小倉―黒崎間，小倉―戸畑間を「拠点間BRT」と位置づけ，
他路線との乗り継ぎの利便性向上や施設整備などと併せて持続可能な公共交通を目指す．
車両はメルセデス・ベンツシターロGが2台．なお西鉄は福岡市内にも同型車を5台増備
した【TM】

Nishi Nippon Railroad has increased the number of articulated buses in their fleet.

燃料電池バス

P10: Fuel cell bus Toyota SORA has started operations around the nation. Examples shown are those of Yokohama City Bus and Toyota City Bus, respectively. Trolley buses of Kansai Electric Power Kurobe Dam have been replaced by electric buses. Based on Hino KV, the converted electric bus can be charged through the pantograph. P11: Number of electric buses manufactured by BYD of China is increasing a little by little. Sightseeing bus type was also introduced in 2019. The photograph within shows the ECITY manufactured by Alfa Bus of China which is expected to be introduced to the market in 2020.

東京都交通局で採用が進む燃料電池バス・トヨタSORAは，2019年は他都市や民営バスでも稼働が始まった．↑横浜市交通局は9月に1台を採用，10月末からは桜木町駅とみなとみらい21新港地区を結ぶ新路線「ピアライン」に投入している．新港ふ頭をバックに快走する【HA】→トヨタ自動車のお膝元である豊田市の「とよたおいでんバス」にもSORAが2台導入された．名鉄バス（写真）と豊栄交通が各1台を担当する【Ya】．なおトヨタSORAは東京オリンピック・パラリンピックまでに東京都交通局だけで70台規模の導入が予定されている

電気バス

↓2018年11月にトロリーバスが運行を終えた立山黒部アルペンルートの関電トンネルで，4月から電気バス15台が運行開始した．日野KV290Q1をベースにフラットフィールドが改造，1充電当たりの航続距離は約30kmで，1往復（約12km）走行ごとに起点の扇沢でパンタグラフによる急速充電を行う．写真は黒部ダム終点で

中国製電気バス

2015年から日本に導入されている中国・BYD製の電気バスは、2019年は新たに3事業者に採用された。➡岩手県交通は2月から大型路線バスK9を運行開始した。台数は1台で、盛岡駅—イオンモール盛岡南間に使用されている。⬇みちのりグループの会津乗合自動車は1月、大型幅・全長9m級の路線バスK7を3台導入した。尾瀬国立公園の環境保護が目的で、5月中旬～10月下旬の間は尾瀬御池—尾瀬沼山峠間のシャトルバスで、そのほかの期間は会津若松市内で活躍している。⬇⬇10月、国内初の観光仕様の大型電気バスが沖縄県に登場した。伊江島観光バスが2台を採用したBYD C9で、定員50人、最高速度100㎞/hを謳う。沖縄の環境保護の一環として活躍が期待されている【HG】

11月、中国製電気バスのニューカマー、アルファバスが10.5m級大型路線バスECITY L10を発表した。日本のシティバスの法規やニーズを反映したサイズや仕様が特徴で、2020年の発売が予定される（詳細は43ページ）

社会的関心事となっている自動運転・自律走行は，バスの場合，これまで開発メーカーや自治体の主導で実証実験が行われる例が多かったが，2019年は事業者主体で試みられるケースが増えてきた．←↑相鉄バスは９月から10月にかけて，群馬大学と共同で実証実験を行った．相鉄バスの日野ブルーリボンハイブリッドに自動運転用の各種機器を加えたもので，大型バスの自動運転による営業運行は日本初である．片道約900mの区間を部分自動運転である「レベル２」により１日16回運行した．ドライバーはハンドルからわずかに手を離し（上），ブレーキペダルに足を置いて不慮のトラブルに備えつつ，自動運転に委ねて走行した．←埼玉高速鉄道は近い将来に開設予定の地域循環バスの自動運転化の可能性を探る目的で，群馬大学，国際興業など５者と共同で「レベル２」の実証実験を行った．１周4.5㎞のコースを最高速度25㎞/hで走行した．車両は群馬大学の日野ポンチョ

P12: Experiment of autonomous vehicles were held often. Experimental vehicle based on a large-size bus was introduced for the first time in 2019. P13: Small-size buses for green slow mobility with projected top speed of less than 20km/h began scheduled services in Tokyo. Many Scania/Van Hool Astromegas were put into service as highway buses.

自動運転の機能が発揮しやすく安全性も確保されやすいクローズドエリアでは公道以上に実証実験が進んでおり，特に空港内では旅客やクルーの輸送などに向けて早期の実用化が期待されている．中部国際空港では３月，ロボットベンチャーのZMPと丸紅系のAIROにより，中国・アンカイ製の小型バスを自動運転化した車両で実験が行われた【ZMP】

←名古屋鉄道・名鉄バスと群馬大学は４月，尾張旭駅—愛知医科大学間の4.5㎞で「レベル２」の自動運転の実証運行を行った．写真は尾張旭駅近くの踏切を通過する実験車．万一に備えて係員が配置された【Ya】

11月, 路線バスの概念を覆すような観光目的のコミュニティバスが東京・池袋に誕生した. 豊島区の地域振興の目玉の一つである "IKEBUS"（イケバス）で, 時速20km/h未満のグリーンスローモビリティ用に開発されたシンクトゥギャザー製の16人乗り電気バス「eCOM-10」により, 街の景色をゆっくりと楽しみながら回遊する2つのコースが設定されている. 運行はウィラー・エクスプレス. なお池袋では2月と12月, 同型車による自動運転の実証実験も行われた《第23回バスラマ賞受賞》

←大阪市交通局の地下鉄・軌道事業を受け継いだ大阪メトロは, 地下鉄延伸が期待される区間でのバス代替輸送の可能性を探るため, 4月から大阪市と共同でBRT「いまざとライナー」2ルートを運行開始した. 全区間に6～24時のバス優先レーンやPTPSが導入され, 大阪シティバスにより日野ブルーリボンハイブリッド14台で運行される

↓2016年から国内導入されている2階建てバス・スカニア／バンホールアストロメガは, 2019年は国産2階建てバス経年車の置き換えとしてJRバスグループでの採用が進んだほか, そのほかの事業者でも高速路線・都市間路線への採用が目立った. 左は鹿島神宮―TDL―東京テレポート間を運行する関東鉄道のアストロメガ, 右は盛岡―宮古間「106急行」に投入された岩手県北自動車のアストロメガ

２階建てバス

２階建てオープントップの「スカイバス」を運行する日の丸自動車興業は，初の新車として，スペイン・UNVI社製の車両を独自企画により４台導入した．メルセデス・ベンツOC500LEのシャーシーをベースに，写真のフルオープンタイプと，２階席前半にルーフを設けたハーフルーフタイプの２種類がある

P14: Open top double decker buses manufactured by UNVI of Spain started operations. Restaurant buses organized by Willer were operated around the nation. P15: Many luxurious chartered buses were introduced in 2019.

➡平成エンタープライズは３月からオープントップ２階建てバスによる「VIP VIEW TOUR」を都内で運行開始した．会員募集型の貸切運行で，インバウンド旅客を主対象に５コースが設定される．車両は三菱ふそうMU612TX【HA】
⬇ウィラーは２階建てバスをベースに食事のできる客席とギャレイを備えた「レストランバス」を，各地の事業者や自治体などと連携して展開しており，2019年は愛知県の名古屋市内，同じく東三河などでも運行された．上は東京都心部やベイエリアを巡る「東京レストランバス」の新デザイン車，下は10月に名阪近鉄バスの運行でスタートした「なごやレストランバス」．車両はいずれも三菱ふそうBKG-MU66JS【いずれもHK】

ハイグレード貸切バス

2019年も企画旅行用を主体に，高品質のシートや工夫を凝らした内装を備えるハイグレードな貸切バスが登場した．①クラブツーリズムが1月に発表した「ファースト」．ポストクラシックをテーマに水戸岡鋭治氏がデザイン，内装には木材を多用して温もり感を打ち出す．乗客定員18人，50代以上をターゲットにした"こだわりの旅"に使用される．車種は三菱ふそうエアロクィーン（外観写真の上）で運行はケイエム観光バス東京支店．②阪急交通社が最高峰のツアー専用車として導入したクリスタルクルーザー「菫（すみれ）」．シートは2×1配置で乗客定員18人，通常109度，リクライニングで＋20度というシート角度も特徴．同社が所有しケイエム観光バスが運行する．車種は日野セレガスーパーハイデッカ（外観写真の中）．③西日本鉄道が自社ツアー用に製作した「GRANDAYS」．ドイツ製本革表皮シートを12席配置，福岡県の大川家具の木工による収納スペースなど贅を尽くした仕上がりが特徴．車種は日野セレガスーパーハイデッカで，元高速車の改装である【NNR】
④シティバスにもユニークな内装が登場した．茶どころ宇治を拠点とする京都京阪バスは，一般路線バスの車内で茶室の雰囲気が味わえる「宇治茶バス」を自治体やお茶の関連団体などの協力を得て完成，3月から運行開始した．"茶室"は最後部に設けられており，お茶や茶道のより広い普及に向けた活躍が期待されている

「宇治茶バス」のリヤデザイン．車種はいすゞエルガ

日野・いすゞ各車のボデーメーカーであるジェイ・バスは，中型観光車RRをベースにハイグレードな内外装を備える中型VIPシャトルを完成，提案型モデルとして売り込む．トヨタの高級ミニバン用の電動リクライニングシートを8席配置するとともに，金沢の伝統工芸の技術を応用した内装など，機能性とアイデアを随所に盛り込んだ

バステク開催

ぽると出版が主催する体験型バスイベント「バステクフォーラム」「バステクin首都圏」は2019年，前者が10回目，後者は5回目を迎え，それぞれ多くの来場者を集めた．←11月18日に東京の京成ドライビングスクールで開催された「第5回バステクin首都圏」．出展企業32社局，バス17台が参加した．クローズドのコースにおける，中国製電気バスや新型スカイバスを含む試乗会や，EDSS実演などが人気を得た．↓5月17日に大阪・舞洲で開催された「2019バステクフォーラム」には出展企業29社，バス20台が参加した．円内は後付可能な右左折巻き込み防止警報システム「モービルアイ・シールドプラス」の実演．スマホに気を取られた歩行者がバスに接近したことで，システムが警報を発する状況が披露された

東京モーターショー

10月24日～11月4日に東京モーターショー2019が都内で開催された．東京オリンピック準備の関係で会場は距離の離れた2カ所に分散されるとともに，バスはいすゞから連節バス，三菱ふそうから大型観光バス・小型バスの計3台と寂しい内容にとどまった．右はトヨタの自動運転車のプロトタイプ

Bus experiencing event Bus Tech organized by Porte Publishing was held for the 10th time in Osaka and the 5th time in Tokyo. Many buses and technologies were introduced for the first time at the events, and is becoming one of the mandatory events for the bus industry. Buses put on exhibit at the Tokyo Motor Show 2019 which was held in autumn numbered mere 5 units including production models and prototypes, and was sorely lacking.

私たちは、
三菱ふそうバスの
生産
架装に
携わっています。

事業所所在地図

架装部工場
事務所

三菱ふそうバス製造様

mbms本工場

本事務所

■架装部事務所・工場

■本事務所・業務部工場（後方）

国内バスカタログ 2019→2020

Domestic Bus Catalog 2019→2020

　本項では2020年1月10日現在，日本国内で販売中，あるいは販売が予定されるバスについて，外観，図面，諸元，さらにセグメントごとの位置づけや特徴などを紹介する。

　従来の国産バスは注文生産の性格が強かったが，近年は生産効率の向上によるコストダウンの希求，ノンステップバス標準仕様の策定などもあり，路線系は仕様の標準化が進んでいる。観光系（貸切・高速車）もメーカー標準仕様車をラインアップに加え，メーカーが設定したパターンから選択するセミオーダーメイド形式が増えている。ここではメーカーが販売する標準的な仕様を中心に紹介する。今回掲載するバスは国産車15シリーズ，輸入車12車型である。

2019年の国産バス動向―平成28年規制と高度なOBDへの対応

　2019年9月1日に，GVW3.5トン超・7.5トン以下のディーゼルバス（継続生産車）に対して平成28年排出ガス規制が施行された。これに伴い2019年8月から10月にかけてトヨタ・日野・三菱ふそうの各フロントエンジン小型バスが改良を受けて発売されるとともに，GVW3.5トンを超える国産ディーゼルバス全車が平成28年排出ガス規制に適合した。

　一方，GVW3.5トン超の国産ディーゼル車に対しては排出ガス性能の維持などを目的に，従来の車載式故障診断装置（J-OBD-Ⅰ）よりも高度な，排出ガス低減装置等に対する車載式故障診断装置＝「高度なOBD」（On-board diagnostics）の装備が義務付けられた。この高度なOBDとはDPF，SCR，酸化触媒，EGR，NOx吸蔵還元触媒，吸気過給などの各機能の性能監視，故障監視などを行うものである。「高度なOBD」の装備施行はバスの継続生産車の場合，GVW7.5トン超が2019年9月1日以降，同3.5トン超・7.5トン以下が2021年9月1日である。このためGVW7.5トンを超える中型バス・大型バスおよび一部の小型バスは「高度なOBD」を装備したが，これと併せて改良や装備の充実を図った車型がある。

2019年の国産バス動向―安全装備の充実

　「高度なOBD」の装備と併せていくつかの車型は安全装備を充実させた。観光系のうち2018年にドライバー異常時対応システムEDSSを標準装備した日野セレガ／いすゞガーラは進化型の「自動検知式EDSS」を装備して6月に発表した（発売は日野が7月，いすゞが6月）。自動検知式EDSSはカメラでドライバーの顔をとらえ，わき見や居眠りなどの際に警告を与えるドライバーモニターⅡと，車線逸脱警報の各機能を応用したもので，ドライバーがうつぶせになった際などに自動停止する。また従来型EDSSと同様，ドライバー本人，他の乗務員・乗客等の非常スイッチ操作でも停止する。三菱ふそうは2月，エアロクィーン／エアロエースに，EDSS（非常スイッチによる停止）と，国産バス初の左折時巻き込み防止警報「アクティブ・サイドガード・アシスト」などを装備して発表した（発売は4月）。「アクティブ・サイドガード・アシスト」は左方に歩行者や自転車などがいる時にハンドルを左に切ったり左ウインカーを操作した際，ドライバーに警告を与えるシステムである。

　一方，路線系もいすゞエルガ／日野ブルーリボン，いすゞエルガミオ／日野レインボー，三菱ふそうエアロスター，トヨタSORAの各車がEDSS（非常スイッチによる停止）を標準装備した。このうちトヨタSORAはEDSSと併せて，ITSコネクト技術を応用した路車間通信システムによる右折時注意喚起，赤信号注意喚起などの安全装備や，先行車・障害物に対する衝突警報などを搭載した。また三菱ふそうローザは平成28年規制への適合とともに，衝突被害軽減ブレーキなどを装備した。

2019年の国産バス動向―国産連節バス発売

　大量輸送に適した連節バスは，1985年のつくば科学博のシャトルバス用として富士重工がボルボのシャーシーをベースに100台を製作，その後富士重工が1998年に京成バス向けに製作したボルボ10台を最後に国内生産車は途絶え，市場は完成輸入車で賄われてきたが，5月には初の国産連節バスが登場した。いすゞと日野の共同開発によるエルガデュオ／ブルーリボンハイブリッド連節バスで，日野製ハイブリッドシステムを搭載しジェイ・バス宇都宮工場で完成する。また連節バス固有のコンポーネントであるターンテーブルをはじめ，アクスルなどには海外製品を使用する。なおこのモデルは路線バスで初めてEDSSを装備するとともに，プラットホーム正着制御機能も設定されている。

2019年の輸入バス動向

　既存の輸入バスでは，2階建てバスのスカニア／バンホールアストロメガが台数を増やし，特にJRバスグループをはじめ高速路線への採用が目立った。同じく2階建てバスでは日の丸自動車興業が

19

9月，三重交通は連節バス導入の可能性を探るため，いすゞエルガデュオの試験走行を行った

投入したオノエンジニアリングは，2020年には路線仕様のヤーシン製電気バスの販売を開始する予定である。

バスに関する規制・基準など

1）平成28年排出ガス規制

GVW7.5トン超については規制対応済である。GVW3.5トン超・7.5トン以下は2018年10月1日から新型車に対して，2019年9月1日から継続生産車に対して各々施行された。

2）強化型衝突被害軽減ブレーキの装着

既に観光系の大型バスに標準装着されている衝突被害軽減ブレーキは，新たに減速性能などを強化させた強化型の装着が義務化されることになり，GVW12トン超のバスは新型車で2017年11月1日から，継続生産車で2019年11月1日から，GVW12トン以下のバスは新型車が2019年11月1日から，継続生産車では2021年11月1日から装着が義務化される。強化型衝突被害軽減ブレーキの装着は高速道路を走行するすべてのバスが対象となるが，既に現行モデルで強化型を装着している車種もある。

3）車両安定性制御装置，車線逸脱警報装置の装着

走行中に危険回避などのため急なハンドル操作をしたり，路面状況の変化などで車両姿勢が不安定になった場合，横滑りや転覆を防止する「車両安定性制御装置」（ESC），車線逸脱した際にドライバーに警告する「車線逸脱警報装置」の装着が，各々2021年11月までに段階的に義務化されつつある。

4）排出ガス規制の適用を受けないバス

電気バスや燃料電池バスなど排出ガス規制の適用を受けないバスに関する排出ガス識別記号が設定されている。（別表）

5）輸入車への排出ガス規制の適用

バスの輸入車は国産車に準じた排出ガス規制が適用されている。この基準では型式認定を受けた車型，公的機関の排出ガス試験で規制値を個々にクリアした車両のほか，国内の基準値に準じた環境性能を備えると認められた車両ならば販売・運行できる。現在，輸入

オープントップ2階建てバス "SKY BUS" の初の新車として，スペイン・UNVI製を4台採用した。日の丸自動車興業独自の車種選択である。シャーシーはメルセデス・ベンツで搭載エンジンは三菱ふそうと共通だが，登録車名はUNVIである。

輸入電気バスは中国BYD製の12m級大型路線車が2015年から稼働しているが，2019年はBYDが新たに大型幅・9m級路線車および，12m級の大型観光車を市場投入した。特に後者は電気バス初の観光車で，最高時速100km/hを謳う。また中国のアルファバスが日本法人を設立して上陸，日本に適したサイズ・仕様を備える10.5m級大型路線車により2020年からの市場展開をねらう。さらに2016年に中国・ヤーシン（揚州亜星）製8m級観光車（ディーゼル車）を市場

現行市販バスの排出ガス規制の識別記号

区分	名称	1桁目			2桁目			3桁目		
		低排出ガス認定	識別記号		燃料	ハイブリッドの有無（重量車燃費基準達成または適用状況）	識別記号	用途	重量条件等	識別記号
平成28年規制		無	2		ガソリン・LPG	有	A	乗合，貨物	軽自動車	D
						無	B		GVW1.7トン以下	E
					軽油	有	C		GVW1.7トン超，3.5トン以下	F
						無	D		GVW3.5トン超	G
						有（達成・重量車）	J			
						無（達成・重量車）	K			
						有（5%達成・重量車）	N			
						無（5%達成・重量車）	P			
						有（10%達成・重量車）	Q			
						無（10%達成・重量車）	R			
						有（15%達成・重量車）	S			
						無（15%達成・重量車）	T			
					CNG	有	E			
						無	F			
					メタノール	有	G			
						無	H			
					ガソリン・電気／LPG・電気	有	L			
					軽油・電気	有	M			
					その他	有	Y			
						無	Z			

排出ガス規制識別記号が「2TG-」の場合，平成28年排出ガス規制適合で，かつ平成27年度重量車燃費基準＋15%を達成した，GVW3.5トン超のディーゼル車（ハイブリッドなし）を示す

In this section, we introduce to you all of the domestic and imported buses that are being offered on the Japanese domestic market as of December of 2019, along with imported buses that will be released shortly. Buses introduced include 15 domestic bus series and 12 imported models. So that the domestic buses can keep performing at the level of emission regulations, it has become mandatory for buses to be equipped with "high level OBD" which can self-diagnose the functions of these devices. Enhanced safety features and facelifts could also be found. Of the safety features, all of the large-size sightseeing buses, large-size route buses, and medium-size route buses are now equipped with Emergency Driving Stop System which is activated in case of an emergency to the driver. Hino changed their EDSS system with a more functional version which stops the vehicle when the system automatically detects the irregular conditions of the driver. To pass the 2016 emission regulations, all of the front engine small-size buses utilized SCR

emission systems. For mass transportation at 2020 Olympic and Paralympic Games and with driver shortage becoming acute around the nation, domestic articulated buses have been introduced by Isuzu and Hino. This is the first model with both the body and chassis being manufactured domestically. Number of imported double deckers and electric buses have been increasing a little by little, but there are no signs of either type being manufactured domestically. Under these circumstances, BYD of China has introduced an electric sightseeing bus. Alpha Bus of China will enter the electric bus market in 2020, and Ono Engineering which has been offering the 8m diesel powered sightseeing bus manufactured by Yaxing is scheduled to introduce Yaxing electric bus in 2020.

平成28年排出ガス規制の内容

規制物質	平成28年（2016年）規制	
	試験モード	規制値（g/kWh）
一酸化炭素（CO）	WHDC	2.22（2.95）
非メタン炭化水素（NMHC）		0.17（0.23）
窒素酸化物（NOx）		0.4（0.7）
粒子状物質（PM）		0.010（0.013）

●規制値欄のカッコ外は平均値，カッコ内は上限値
●平成28年規制から試験サイクル外（オフサイクル）の排出ガス性能維持のため，国連の場で策定された世界統一基準OCEによる測定方法と規制値を導入している

バスで型式認定を受けているのはヒュンダイユニバースとスカニア／ボルグレン・フルフラットバスの各1車種。これ以外の連節バス，2階建てバスなどは現行のユーロⅥ規制に適合しており，国内基準と同等の環境性能を備えると見なされている。

6）重量車の燃費基準

　国土交通省と経済産業省はCO₂の排出削減・省エネルギーを目的に，GVW3.5トン超のディーゼルバス・トラックを対象に「重量車燃費基準」を策定しており，平成28年度排出ガス規制に適合した現行車の多くは平成27（2015）年度重量車燃費基準を達成している。バスの場合，GVW14トン超の路線車の目標値は4.23km/ℓ，同16トン超の観光車・高速車の目標値は3.57km/ℓである。

　これに対してさらなるCO₂削減・省エネ化を進めるため，2019年3月に新たな重量車燃費基準が公布された。新基準の目標年度は2025年度で，バスの目標値は6.52km/ℓと大幅な基準強化がなされている。

排出ガス規制の適用を受けない大型車の識別記号

1桁目		2桁目		3桁目	
識別記号		種別	識別記号	用途	識別記号
Z		電気	A	貨物	B
		燃料電池（圧縮水素）	B	乗合	C

販売車型の動向

　今回掲載したバスは前年版に対して次のような動向が見られた。

〔新型車〕

○いすゞエルガデュオ／日野ブルーリボンハイブリッド連節バス

○BYD電気バス K7／C9

○アルファバス ECITY L10

○オノエンスター 電気バス

〔改良，車型追加など〕

○三菱ふそうローザ

○トヨタコースター／日野リエッセⅡ

○いすゞエルガミオ／日野レインボー

○いすゞエルガ／日野ブルーリボン

○三菱ふそうエアロスター

○トヨタSORA

○日野セレガ／いすゞガーラ

○三菱ふそうエアロクィーン／エアロエース

○ヒュンダイユニバース

そのほかにも高度なOBDへの対応に伴い改良を図った車型がある。

Specification（Example）諸元表の例

Model	車　名		いすゞエルガミオ（LR）
Type	型　式		2KG-LR290J4
Grade or Body type	仕　様		ノンステップ・都市型
Door arrangement	扉　位　置		前中扉
Capacity	乗車定員	（人）	61
Overall length （mm）	全　長	（mm）	8,990
Overall width （mm）	全　幅	（mm）	2,300
Overall height （mm）	全　高	（mm）	3,045
Wheelbase （mm）	ホイールベース	（mm）	4,400
Track width : front/rear （mm）	トレッド（前／後）	（mm）	1,945/1,695
Ground clearance （mm）	最低地上高	（mm）	125
Interior length （mm）	室内寸法（長）	（mm）	8,070
Interior width （mm）	〃　（幅）	（mm）	2,135
Interior height （mm）	〃　（高）	（mm）	2,405
Vehicle weight （kg）	車両重量	（kg）	7,970
GVW （kg）	車両総重量	（kg）	11,325
Min.turnning radius （m）	最小回転半径	（m）	7.6
Engine type	エンジン仕様		直4・TI付
Engine model	エンジン型式		4HK1-TCS
Displacement （cc）	総排気量	（cc）	5,193
Max.output in kW/rpm	最高出力	（kW/rpm）	154（210PS）/2,400
Max.torque in N・m/rpm	最大トルク	（N・m/rpm）	706（72kgf・m）/1,400〜1,600
Gear ratio ①/②	変　速　比 ①/②		6.615/4.095
③/④	③/④		2.358/1.531
⑤/⑥	⑤/⑥		1.000/0.722
Final gear ratio	終減速比		5.571
Fuel consumption （km/ℓ）	重量車モード燃費（km/ℓ）		6.00
Steering type	ステアリング型式		インテグラル式パワーステアリング付
Suspension/front	サスペンション型式（前）		車軸式空気ばね
Suspension/rear	〃　（後）		車軸式空気ばね
Service brake	主ブレーキ		空気式
Auxiliary brake	補助ブレーキ		排気ブレーキ
Tire size	タイヤサイズ		245/70R19.5 136/134J
Fuel tank capacity	燃料タンク容量	（ℓ）	130

国内バスカタログの読み方

○本項は2020年1月10日現在，日本で販売されている，あるいは近々に発売が予定されるバスについて，小型車，中型車，大型車（路線バス，観光バス）の順に掲載した。

○OEM供給車はベース車型に包括し，統合モデルも1項目にまとめた。

○型式が多岐にわたるものや複雑なものは，型式一覧表を併載した。

○車種・車型によっては，仕様等を分類するための識別記号が型式に付されている場合があるが，本項では識別記号は省略した。

○エンジン出力・トルクはネット（車載状態）での測定値。またエンジンは特記以外ディーゼルである。

○本文の表記と諸元表における表記は一部異なる場合がある（例：エアサス→空気ばね）。

○「高度なOBD」については「高度OBD」と略して表記した。

○AT：オートマチックトランスミッション，AMT：オートメーテッドマニュアルトランスミッション，MT：マニュアルトランスミッション，TI：ターボインタークーラー，OP：オプションの略。

○国産バスのボデー製造事業者は次のとおり（OEM車型を除く）。

日野自動車・いすゞ自動車：ジェイ・バス

三菱ふそう：三菱ふそうバス製造（MFBM）

日産自動車：日産車体，オートワークス京都

トヨタ自動車：小型車はトヨタ車体（子会社の岐阜車体工業を含む），大型車はジェイ・バス

○販売価格例は10％税込価格である。

○各写真は解説の末尾に撮影者のイニシャル（104ページ参照）を記載した。それ以外の写真はメーカー・販売会社提供または編集部撮影。

［出力・トルクの換算］

●出力：1PS＝0.735499kW

　例：240PS×0.735499＝176.51976＝177kW

●トルク：1kgf・m＝9.80665N・m

　例：75kgf・m×9.80665＝735.49875＝735N・m

日産NV350キャラバン マイクロバス／いすゞコモマイクロバス

Nissan NV350 Caravan Microbus: 14 passenger small-size bus being offered in the NV350 Caravan commercial van series. Both gasoline and diesel engines are available, with 4WD variant being added in 2017. Specifications: ■1

日産NV350キャラバン マイクロバスGX

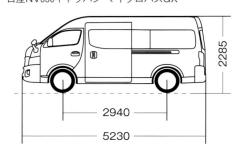

2285
2940
5230

NV350キャラバン マイクロバスは，2012年12月に発売されたワンボックス商用車・NV350キャラバンにラインアップするバスで，キャラバン マイクロバスの5代目にあたる。全長5.23m・全幅1.88mのスーパーロングボディ・ハイルーフをベースに，5列・14席のシートを装備する。開口部1,580mmのスライドドア，座面幅905mmのシートなどによる優れた乗降性・居住性も特徴である。駆動方式は2WDと，2017年に追加された4WDがある。搭載エンジンは排気量2.5ℓ・108kW（147PS）のQR25DE型ガソリンと，同2.5ℓ・95kW（129PS）のYD25DDTi型ディーゼル（2WDのみ）で，各々5速ATを組み合わせる。グレードはGXとDXの2種類。2017年のマイナーチェンジで，LEDヘッドランプ・テールランプ，自動ブレーキ，移動物検知機能付インテリジェントアラウンドビューモニターなどを設定した。なお，いすゞ自動車には「コモ マイクロバス」としてOEM供給されている。製造は日産車体。
【販売価格例＝NV350キャラバン マイクロバスDXディーゼル：345万7,300円】諸元表番号は■1

トヨタハイエース コミューター

Toyota HiAce Commuter: The 14 passenger small-size bus which is a member of Toyota HiAce commercial vehicle series. Both diesel and gasoline engines are offered, with 2WD and 4WD variants. All of the models are equipped with automatic transmissions. spec.: ■2

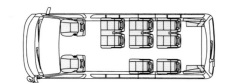

全高2285
ホイールベース3110
全長5380

トヨタハイエース
コミューター
（京阪バス，TT）

ハイエースコミューターはワンボックス商用車・ハイエースのバスバージョンで，現行モデルは2005年発売の5代目である。全長5.38mのボディは，スーパーロングバン・ワイドボディと共用する。定員は14人で，最後列席は両サイドに跳ね上げて荷物スペースにできるスペースアップシートである。2017年のマイナーチェンジでディーゼルエンジンを新型に換装した。

駆動方式は2WD（ガソリン，ディーゼル）と4WD（ガソリン）で，ガソリンエンジンは排気量2.7ℓ・118kW（160PS）の2TR-FE型，ディーゼルエンジンは同2.8ℓ・111kW（151PS）の1GD-FTV型を搭載，各々6速ATを組み合わせる。安全装備面では衝突被害軽減ブレーキPCSを含む衝突防止支援パッケージを標準装備する。製造はトヨタ車体である。
【販売価格例＝ハイエースコミューター・ディーゼルGL：372万6,800円】諸元表番号は■2

日産シビリアン／いすゞジャーニー

Nissan Civilian/Isuzu Journey: Civilian, Nissan's front engine small-size bus introduced in 1971, with the present model introduced in 1999 being the third generation of the series. The model is also being offered by Isuzu as Journey. 2 overall length variants are offered. The gasoline engine producing 127kW. spec.: **3**

日産シビリアン　ロングボデーGL
ABG-DJW41
シビリアンの最上級グレード. いすゞ
ジャーニーのグレード名はカスタム

　シビリアンは1971年，それまでのエコーを継承してデビューした小型バスである。1999年にハイルーフを標準とした現行の3代目となった。1993年からはいすゞ自動車にジャーニーとしてOEM供給されるほか，世界各国へ輸出される国際車である。

　シビリアン／ジャーニーともボデーは全長6.99mのロングと同6.27mの標準の2種類。エンジンは2011年7月以降ディーゼルを中断し，直6・排気量4.5ℓのTB45E型ガソリン（127kW＝173PS）のみとなっている。トランスミッションは4速ATまたは5速MT，サスペンションはエアサス（リーフ併用）またはリーフサスである。

　グレードはシビリアンが上からGL／SV／SXと幼児車，ジャーニーが上からカスタム／デラックスG／デラックスEと幼児車の各4種類である。安全面では車両周囲を上方から俯瞰する安全装置「アラウンドビューモニター」をオプション設定するとともに，ABSを全車標準装備する。

　特装車への対応性の高さもシビリアンの特徴で，車椅子用リフト

日産シビリアン（3代目）／いすゞジャーニーの略歴	
1999.2	3代目"シビリアン"発売. 平成10年規制適合車《KK-》
2003.1	CNG車を追加（現在中止）
2004.3	ガソリン車を追加. ディーゼル車のエンジンを三菱ふそう製に変更し平成15年規制に適合《ガソリン：UD-，ディーゼル：PA-》（三菱ふそう製エンジン搭載は2008年まで）
2004	いすゞジャーニー，ガソリン車に集約《UD-》
2005.12	灯火器保安基準改正に対応
2007.8	ガソリン車，平成17年規制に適合《ABG-》
2008.6	シビリアンディーゼル車，平成17年規制に適合《PDG-》（ジャーニーは同年9月）
2011.7	再度ガソリン車に集約
2012.7	新保安基準に対応，一部グレードを廃止

を備えた「ハートフルサルーン」（いすゞは「フレンドリージャーニー」）のほか，移動図書館車，放送中継車など様々な実績がある。製造並びに特装車への改造は日産車体の子会社・オートワークス京都が行う。

【販売価格例＝シビリアンGLロングボデー・エアサス・4速AT：775万2,800円，シビリアン幼児車・標準ボデー・4速AT・大人3人＋幼児39人乗り：539万円】諸元表番号は **3**

シビリアン型式一覧（ジャーニーは型式の頭にSを付加. 例：ABG-SDJW41）

	ロングボデー	標準ボデー
ガソリン・エアサス（リーフ併用）	ABG-DJW41	
ガソリン・リーフサス	ABG-DHW41	ABG-DVW41

シビリアン／ジャーニー　ロングボデー

いすゞジャーニー　標準ボデー デラックスE　ABG-SDVW41

三菱ふそうローザ

Mitsubishi Fuso Rosa: The small-size bus that debuted in 1997 is the 5th generation of the model that was the first introduced in 1960. Based on the body with the overall length of 7m, 3 body lengths including 6.5m and 7.7m are being offered. After receiving a completely new front mask the previous year, Rosa passed the 2016 emission regulations in 2019 as well as receiving various refinements. The drive systems are 2WD and 4WD, the only model of its class. The present engine manufactured by FPT produces 129kW and 110kW, and is combined with either 6-speed AMT.

三菱ふそうローザ ロングボデー
プロライン　2RG-BE740G

　ローザは1960年にデビューした小型バスで，現行モデルは1997年登場の５代目にあたる。ボデー全長は6.99mのロングボデー，6.245mのショートボデーのほか，1998年に追加された7m超ボデー車・スーパーロング（全長7.73m）を設定する。駆動方式は2WDおよび，フルタイム方式を採用するクラス唯一の4WD（ロングボデーのみ）がある。2018年には５代目登場以来の大幅なフェイスリフトにより，ヘッドランプを丸型４灯式から異形２灯式に変更した。

　2019年10月には“2019年モデル”として平成28年排出ガス規制に適合するとともに，総輪ディスクブレーキ，衝突被害軽減ブレーキAEBS，車両安定性制御装置EPS，車線逸脱警報装置LDWS，坂道発進補助装置EZGO&ヒルスタートアシストを採用した。さらにダッシュボードのデザインを一新し機能性を高め，インパネシフト，Bluetooth対応のAM/FMラジオなどを装備した。このほかパーキングブレーキをステッキ式からレバー式に変更，一部グレードにLEDヘッドランプを採用した。

　エンジンはフィアット・パワートレーン・テクノロジー（FPT）と共同開発した排気量３ℓの4P10型ディーゼルで，出力129kW（175PS）または110kW（150PS，4WD専用）を搭載する。トランスミッションはデュアルクラッチ方式の６速AMT“DUONIC（デュオニック）2.0”および，2WDにのみ設定される５速MTがある。サスペンションは前輪：独立懸架式，後輪：リーフである。安全面では全正席にELR3点式シートベルトを備える。グレードは下からエコ，プロ，プレミアムの３種類があり，二次架装などで幼児車，路線仕様車，チェアデッキ（車椅子用リフト付）も用意される。さらに内装を充実させた観光仕様も用意され，専用の内装，上下可動式荷棚を備えた後部荷物室，LEDラインライトなどが設定される。

【販売価格例＝ローザ　ロングボデー・2WD・プロライン，定員29人：758万5,000円】諸元表番号は **4**

ローザ型式一覧

スーパーロング	ロング	ロング4WD	ショート
2RG-BE740J	2RG-BE740G	2RG-BG740G	2RG-BE740E

三菱ふそうローザ（５代目）の略歴〈2007年以降〉	
2007.7	平成17年規制に適合《PDG-》
2011.8	平成22年規制に適合《SKG-》，ショートボデーと4WDを中止，エンジン一新，ATをトルコン式からDUONICに変更，安全装備を充実，新保安基準に適合
2013.4	平成27年度燃費基準達成《TPG-/TRG-/TTG-》，ショートボデー再発売
2015.4	スーパーロングの一部が新エコカー減税対応《TTG-》
2015.11	4WD再発売《TPG-》
2018.10	フロントマスク一新
2019.10	平成28年規制適合，各部改良《2RG-》

三菱ふそうローザ ロングボデー　プレミアム　2RG-BE740G

ローザ ロングボデー

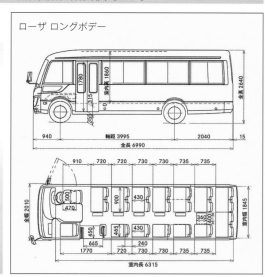

小型バス諸元表

諸元表番号		1			2		
車　名		日産NV350キャラバン マイクロバス			トヨタ ハイエース コミューター		
型　式		LDF-DW4E26*¹	CBF-DS4E26*¹	CBF-DS8E26*¹	QDF-GHD223B	CBF-TRH223B	CBF-TRH228B
仕　様		GX 2WD	DX 2WD	GX 4WD	GL 2WD	DX 2WD	GL 4WD
乗車定員	(人)	14	14	14	14	14	14
全　長	(mm)	5,230	5,230	5,230	5,380	5,380	5,380
全　幅	(mm)	1,880	1,880	1,880	1,880	1,880	1,880
全　高	(mm)	2,285	2,285	2,285	2,285	2,285	2,285
ホイールベース	(mm)	2,940	2,940	2,940	3,110	3,110	3,110
トレッド(前)／(後)	(mm)	1,660/1,635	1,660/1,635	1,665/1,635	1,655/1,650	1,655/1,650	1,655/1,650
最低地上高	(mm)	170	170	170	185	185	175
室内寸法(長)	(mm)	4,245	4,245	4,245	4,250	4,250	4,250
〃 (幅)	(mm)	1,730	1,730	1,730	1,695	1,730	1,695
〃 (高)	(mm)	1,565	1,565	1,565	1,565	1,565	1,565
車両重量	(kg)	2,100	2,290	2,240	2,240	2,070	2,200
車両総重量	(kg)	2,870	3,060	3,010	3,010	2,840	2,970
最小回転半径	(m)	6.0	6.0	6.0	6.1	6.1	6.3
エンジン仕様		直4・TI付	ガソリン直4		直4・TI付	ガソリン直4	
エンジン型式		YD25DDTi	QR25DE		1GD-FTV	2TR-FE	
総排気量	(cc)	2,488	2,488		2,754	2,693	
最高出力	(kW/rpm)	95(129PS)/3,200	108(147PS)/5,600		111(151PS)/3,600	118(160PS)/5,200	
最大トルク	(N·m/rpm)	356(36.6kgf·m)/1,400～2,000	213(21.7kgf·m)/4,400		300(30.6kgf·m)/1,000～3,400	243(24.8kgf·m)/4,000	
変速比 ①/②		3.872/2.368	3.841/2.352		3.600/2.090		
③/④		1.519//1.000	1.529/1.000		1.488/1.000		
⑤/⑥		0.834/―(以上AT標準)	0.839/―(以上AT標準)		0.687/0.580(以上AT標準)		
終減速比		3.700			4.100	4.875	
JC08モード燃費	(km/ℓ)	10.80	8.60		11.80	9.50	8.90
ステアリング型式		ラック＆ピニオン，パワーステアリング付			ラック＆ピニオン，パワーステアリング付		
サスペンション型式 (前)		独立懸架式トーションバー			独立懸架式トーションバー		
〃 (後)		車軸式板ばね			車軸式板ばね		
主ブレーキ		ディスク／ドラム			ディスク／ドラム		
補助ブレーキ		―			―		
タイヤサイズ (前)		195/80R15 107/105LLT			195/80R15 107/105LLT		
〃 (後)		195/80R15 107/105LLT			195/80R15 107/105LLT		

諸元表番号		3			4		
車　名		日産シビリアン		いすゞジャーニー	三菱ふそうローザ		
型　式		ABG-DJW41	ABG-DHW41	ABG-SDVW41	2RG-BE740J	2RG-BE740G	2RG-BG740G
仕　様		ロング／GL	ロング／SX	標準／デラックスE	スーパーロング	ロング	ロング4WD
乗車定員	(人)	29	29	26	33	29	29
全　長	(mm)	6,995	6,990	6,270	7,730	6,990	6,990
全　幅	(mm)	2,065	2,065	2,065	2,010	2,010	2,010
全　高	(mm)	2,625	2,635	2,635	2,640	2,640	2,690
ホイールベース	(mm)	3,690	3,690	3,310	4,550	3,995	3,995
トレッド(前)／(後)	(mm)	1,675/1,490	1,675/1,490	1,675/1,490	1,655/1,495	1,655/1,495	1,655/1,495
最低地上高	(mm)	190	190	190	175	175	175
室内寸法(長)	(mm)	6,305	6,305	5,585	7,030	6,315	6,315
〃 (幅)	(mm)	1,900	1,900	1,900	1,845	1,845	1,845
〃 (高)	(mm)	1,820	1,820	1,820	1,860	1,860	1,860
車両重量	(kg)	3,870	3,830	3,640	4,090	3,900	4,050
車両総重量	(kg)	5,465	5,425	5,070	5,905	5,495	5,645
最小回転半径	(m)	6.6	6.6	6.0	7.1	6.3	7.4
エンジン仕様		ガソリン直6			直4・TI付		
エンジン型式		TB45E			4P10(T6)		4P10(T4)
総排気量	(cc)	4,478			2,998		
最高出力	(kW/rpm)	127(173PS)/4,400			129(175PS)/2,860		110(150PS)/2,440
最大トルク	(N·m/rpm)	314(32kgf·m)/3,600			430(43.8kgf·m)/1,600～2,860		430(43.8kgf·m)/1,600～2,440
変速比 ①/②		3.068/1.570)	5.099/2.863		5.494/3.038		5.397/3.788
③/④		1.000/0.724	1.588/1.000		1.592/1.000		2.310/1.474
⑤/⑥		(以上AT)	0.752/―		0.723/―		1.000/0.701(以上AMT)
終減速比		5.571			4.875		
重量車モード燃費	(km/ℓ)	7.40*²			10.0		
ステアリング型式		ボールナット，パワーステアリング付			ラック＆ピニオン，パワーステアリング付		
サスペンション型式 (前)		車軸式空気ばね*³	車軸式板ばね		独立懸架式コイルばね		独立懸架式トーションバー
〃 (後)		車軸式空気ばね*³	車軸式板ばね		車軸式板ばね		
主ブレーキ		ディスク／ドラム 油圧真空倍力装置付			前後ディスク 油圧真空倍力装置付		
補助ブレーキ		―			排気ブレーキ		
タイヤサイズ (前)		205/80R17.5 120/118LLT			205/80R16		
〃 (後)		205/80R17.5 114/112LLT			205/80R16		
燃料タンク容量	(ℓ)	104			100		70

＊1：いすゞコモ マイクロバスの型式はLDF-JDW4E26など "J" を冠する　　＊2：60km/h定地走行燃費（km/ℓ）　　＊3：板ばね併用

トヨタコースター／日野リエッセⅡ

Toyota Coaster/Hino Liésse II: Toyota Coaster is the top selling small-size bus that is being offered at 110 countries and districts around the world, with more than a total of approximately 550,000 units being sold including its predecessor Toyota Light Bus. It underwent a complete model change in 2016, it's the first in 24 years. The styling of the body has been made square allowing for spacious interior space, and safety features have been vastly enhanced by passing R66 regulations. Two body length variants are offered, 7m, 6.3m and 7.7m.

トヨタコースター
超ロングボデー GX
2KG-XZB80

　トヨタコースターは国内の小型バス市場で大きなシェアを誇るとともに，世界110の国・地域で使用されている量産バスである。その前身にあたる，1963年に発売されたトヨタライトバス以来の世界累計販売台数は約55万台に達する。コースターは1969年に初代が登場，1982年に2代目，1992年に3代目となり，1996年からは日野自動車にリエッセⅡとしてOEM供給されている。

　現行モデルは2016年12月に発表された4代目で，24年ぶりのフルモデルチェンジが話題を呼んだ。基本車型は3代目を引き継ぎ，全長6.99mのロングボデーと6.255mの標準ボデーの2種類を展開するが，ルーフ形状は剛性の確保や居住空間の拡大を目的に，全高約2.6mのハイルーフに統一された。ボデー構造は環状骨格（フープ構造）を採用し，ECE基準のR66（ロールオーバー性能）をクリアする。外観は"Modern & Tough"をテーマに，スクエアなスタイルとし，力強さや大きさを印象づけている。また後部観音扉（幼児専用車は非常口）を左右非対称に改め，荷物の出し入れを容易にするとともに，緊急時の脱出性を向上させた。内装はボデースタイルの一新，構造変更などにより，室内高は先代ハイルーフ比＋60mmの1,890mm

コースター型式一覧（リエッセⅡは末尾に「M」を付加）

	超ロングボデー	ロングボデー	標準ボデー
129kW・6速AT	2KG-XZB80	2KG-XZB70	
110kW・6速AT	2KG-XZB80	2KG-XZB70	2KG-XZB60
110kW・5速MT		2PG-XZB70	2PG-XZB60

を確保，快適な居住性・移動性を実現した。また乗用車との安全装備の共通化によりバッテリーが24Vから12Vに変更されたが，これに伴いエアサスが中止され，足回りは前輪独立懸架（スタビライザー付）／後輪リーフ（同）に集約された。2018年の改良で衝突被害軽減ブレーキPCS，車線逸脱警報，オートマチックハイビームなどで構成する衝突支援回避パッケージ，ライト自動点灯・消灯システム「コンライト」を各々標準装備した（幼児車を除く）。またウインドーシールドの両サイドにレインガーターモールを設定しフロントピラーの段差を少なくすることで空力性能を向上させ，操縦安定性を高めた。

　2019年7月に平成28年排出ガス規制に適合した。エンジンは従来から搭載する日野製N04C系（排気量4ℓ）に改良を加えたN04C-WA型（110kW）およびN04C-WB型（129kW）で，6速ATまたは5速MTを組み合わせるとともに，排出ガス後処理装置に新たに尿素SCRシステムを採用，全車が平成27年度燃費

トヨタコースター（4代目），日野リエッセⅡ（2代目）の変遷	
2017.1	4代目コースターとOEM車・リエッセⅡ発売．エンジンは日野製直4ディーゼルに集約《SKG-，SPG-，SDG-》
2018.6	空力性能向上，衝突被害軽減ブレーキ装着など改良
2019.7	平成28年規制適合，超ロングボデー追加《2KG-，2PG-》

トヨタコースター　ロングボデー LX
2KG-/2PG-XZB70

基準を達成した。またボデーの新バリエーションとして全長7.73mの超ロングボデーを設定した。定員13人で車内後部は床面長2.75mのスペースになっており，荷室のほか車椅子用リフト車のベースとしても適している。このほかグライド式扉車に挟み込み防止機能とイージークローザーを採用するなど安全性・機能性を向上した。

グレードは上からEX，GX，LXで，定員はロングボデーが29人または冷蔵庫付24人，標準ボデーが25人。外装のカラーリングは5種類が用意される。このほか幼児専用車と貨物輸送用のビッグバンが各々ロングボデーと標準ボデーで設定される。このほか車椅子乗降用リフト付などの特装車は二次架装で対応している。なおOEM車の日野リエッセⅡもコースターと同様のバリエーションを展開する

が，標準ボデーは「ショートボデー」，超ロングボデーは「スーパーロング」と称している。またコースターが世界各地に輸出される一方，OEM車であるリエッセⅡはこれまで国内専売モデルであったが，2019年9月にはタイでの販売が開始された。

【販売価格例＝コースター EXロングボデー・129kW・6速AT・定員29人：944万1,300円，GX超ロングボデー・129kW・6速AT・定員13人：943万8,000円，LX標準ボデー・110kW・5速MT・定員25人：670万7,800円，日野リエッセⅡ EXロングボデー・110kW・5速MT・定員29人：902万8,800円】

日野リエッセⅡ ロングボデー GX 24人乗り・後部観音扉付
2KG-/2PG-XZB70M

The model is powered by Hino's L4 diesel engine. Front suspensions are independent suspensions, with rear being leaf rigid. Along with passing the 2016 emission regulations in 2019, a variant with the overall length of 7.7m which is perfect as the base for special vehicles has been added.

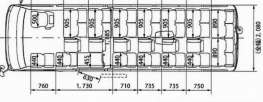

コースター 超ロングボデー／リエッセⅡ スーパーロング

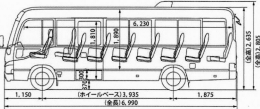

コースター ロングボデー／リエッセⅡ ロングボデー

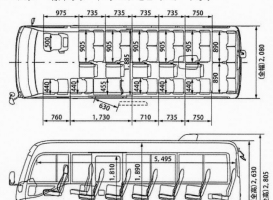

コースター 標準ボデー／リエッセⅡ ショートボデー

■諸元表

車 名			トヨタ コースター		日野リエッセⅡ
型 式			2KG-XZB70	2KG-XZB80	2KG-XZB60M
仕 様			ロング／GX	超ロング／GX	ショート／LX
乗車定員	（人）		29	13	25
全 長	（mm）		6,990	7,725	6,255
全 幅	（mm）		2,080	2,080	2,080
全 高	（mm）		2,635	2,640	2,630
ホイールベース	（mm）		3,935	4,435	3,200
トレッド（前／後）	（mm）		1,690/1,490	1,690/1,490	1,690/1,490
最低地上高	（mm）		185	185	185
室内寸法	（長）	（mm）	6,230	4,045	5,495
〃	（幅）	（mm）	1,885	1,880	1,885
〃	（高）	（mm）	1,890	1,890	1,890
車両重量	（kg）		3,880	3,860	3,650
車両総重量	（kg）		5,475	4,575	5,025
最小回転半径	（m）		6.5	7.2	5.5
エンジン仕様			直4・TI付		
エンジン型式			N04C-WA	N04C-WB	N04C-WA
総排気量	（cc）		4,009		
最高出力	（kW/rpm）		110(150PS)/2,500	129(175PS)/2,800	110(150PS)/2,500
最大トルク	（N・m/rpm）		420(42.8kgf・m)/1,400～2,500	461(47.0kgf・m)/1,600	420(42.8kgf・m)/1,400～2,500
変速機			6速AT		
変速比	①/②		3.314/1.912		
	③/④		1.321/1.000		
	⑤/⑥		0.750/0.605		
終減速比			4.625		
重量車モード燃費	（km/ℓ）		9.20	9.10	9.20
ステアリング型式			ボールナット式パワーステアリング付		
サスペンション型式	（前）		独立懸架式トーションバーばね		
〃	（後）		車軸式板ばね		
主ブレーキ			前：ディスク／後：ドラム 油圧真空倍力装置付		
補助ブレーキ			排気ブレーキ		
タイヤサイズ	（前／後）		215/70R17.5 118/116NLT		
燃料タンク容量	（ℓ）		95		

日野ポンチョ・ロング２ドア
2DG-HX9JLCE
（利府町，AN）

　ポンチョは2002年に初代が発売された小型ノンステップバスで，現在のモデルは2006年に発売された２代目である。

　初代ポンチョはFF（フロントエンジン・前輪駆動）の輸入商用車がベースで，室内全長にわたるフルフラットノンステップフロアを特徴としていたが，２代目は初代の大きな特徴であった優れた乗降性を引き継ぎ，国産コンポーネントによるリヤエンジンレイアウトで登場した。製品化に際してはリエッセ（1995〜2011年）のボデーをベースに，直４エンジンを横置き搭載，アングルドライブを介してプロペラシャフトと結んでいる。これによりホイールベース間に段差のない，床面地上高310mmのノンステップフロアを実現している。

　現行の販売車型は2017年12月に発売された平成28年排出ガス規制適合車で，直４で132kW（180PS）を発生するJ05E〈J5-Ⅵ〉型エンジンと５速ATを組み合わせる。また排出ガス後処理装置に尿素SCRシステムを採用する。2019年６月には高度OBDに対応した。

　ボデーバリエーションは全長７mの「ロング」が２ドアと１ドアの２種類，全長6.3mの「ショート」が１ドアのみの，基本計３種類。また車内仕様は都市型（前向き，横向き，左側前向き・右側横向き）と郊外型（全席前向きで右側２人がけ・左側１人がけ）が設定される。全車にLED式室内灯を標準装備，フォグランプ，ハイマウントストップランプ，吊革，乗降中表示灯などを各々オプション設定する。製造はジェイ・バス小松工場が行う。また2017年１月からはオーストラリアへの輸出が開始された。

　このほかボデーメーカーのジェイ・バスではレトロなスタイリングを演出するコンバージョンキット「ルートンジュニア」を同社の二次架装商品として用意，レトロフィットにも対応する。

　2012年から2013年にかけては，日野自動車が開発した電気バスの試作車「ポンチョEV」が東京都内の墨田区と羽村市，石川県小松市の各コミュニティバスに１台ずつ，限定販売の扱いで導入された。200kWモーターと30kWhのリチウムイオン電池を搭載するが，車両重量をディーゼル車に揃えるためにバッテリー容量を決めていることから，１充電あたりの航続距離は一般的な使用条件で８〜10kmと短い。このポンチョEVは2018年秋にドイツで開催されたIAA2018（商用車）にも出品された。

【販売価格例＝ポンチョ・ロング２ドア・都市型：1,864万8,300円】

日野ポンチョ・ロング１ドア　2DG-HX9JLCE
（多治見市／東濃鉄道，Ya）

■諸元表

車　名		日野ポンチョ		
型　式		2DG-HX9JLCE	2DG-HX9JLCE	2DG-HX9JHCE
扉位置		ロング・中後扉	ロング・中扉	ショート・中扉
仕　様		ノンステップ都市型	ノンステップ郊外型	ノンステップ都市型
乗車定員	(人)	36	33	29
全　長	(mm)	6,990	6,990	6,290
全　幅	(mm)	2,080	2,080	2,080
全　高	(mm)	3,100	3,100	3,100
ホイールベース	(mm)	4,825	4,825	4,125
トレッド(前/後)	(mm)	1,720/1,575	1,720/1,575	1,720/1,575
最低地上高	(mm)	165	165	165
室内寸法(長)	(mm)	5,600	5,600	4,900
〃 (幅)	(mm)	1,930	1,930	1,930
〃 (高)	(mm)	2,440	2,440	2,440
車両重量	(kg)	5,860	5,850	5,620
車両総重量	(kg)	7,840	7,665	7,215
最小回転半径	(m)	7.7	7.7	6.7
エンジン仕様		直4・TI付		
エンジン型式		J05E〈J5-VI〉		
総排気量	(cc)	5,123		
最高出力	(kW/rpm)	132(180PS)/2,500		
最大トルク	(N·m/rpm)	530(54kgf·m)/1,500		
変速比	①/②	3.463/2.024		
	③/④	1.476/1.000		
	⑤	0.807(以上AT標準)		
終減速比		4.333		
重量車モード燃費	(km/l)	6.50		
ステアリング型式		インテグラル式パワーステアリング付		
サスペンション型式		車軸式空気ばね(板ばね併用)		
主ブレーキ		空気油圧複合式		
補助ブレーキ		排気ブレーキ		
タイヤサイズ		205/80R17.5		
燃料タンク容量	(ℓ)	100		

↑2018年のIAA（商用車）に展示された日野ポンチョEV．国内では限定販売の扱いで3つの自治体に納入された．1充電あたりの航続距離は一般的な使用条件で8～10kmと短く，折り返し地点などで急速充電を行う必要がある

◤ポンチョ・ロング2ドア・都市型の車内例（寒川町／神奈川中央交通）．都市型は全席前向きが基本だが，ホイールベース間左側を横向き席とする仕様もある

日野ポンチョ・
ショート
2DG-HX9JHCE

日野ポンチョ（2代目）の略歴

2004.11	東京モーターショーにコンセプトモデル"ポンチョL"展示
2006.6	2代目"ポンチョ"ロング／ショート発売．平成17年規制適合車《ADG-》
2007.6	AT車を追加《ADG-》
2007.7	低排出ガス重量車に適合《BDG-》
2008.10	ロングに1ドア車追加．ロング1ドア車とショートに座席数重視型レイアウト設定
2011.8	平成22年規制に適合《SKG-／SDG-》
2012.3	ピュア電気バスのポンチョEV，営業運行開始
2012.4	新保安基準・新ワンマンバス構造要件に適合
2017.12	平成28年規制に適合《2DG-》．AT車に集約
2019.6	高度OBDに対応

Hino Poncho: The rear engine, small-size non-step bus introduced in 2004. With L4, 132kW traverse engine, the fully flat floor with the floor height of 310mm has been realized by utilizing angular drive. The longer model with overall length of 7m and the shorter model with 6.3m are offered.

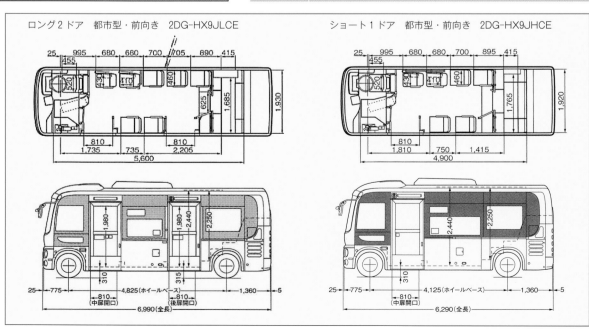

中型観光車

日野メルファ／いすゞガーラミオ

日野メルファ ロイヤルサルーン　2DG-RR2AJDA

日野メルファは1999年に，先代のレインボーRR／RJをフルモデルチェンジして登場した中型観光・自家用バスで，2004年にはいすゞとの統合モデルになり，ガーラミオとしても販売されている。両車とも2017年7月に平成28年排出ガス規制に適合した。また2019年6月には高度OBDへの対応などを図った。製造はジェイ・バス小松工場が行う。

現行モデルはメルファ，ガーラミオとも日野製の直列4気筒・排気量5.1ℓのA05C〈A5-Ⅷ〉型エンジンを搭載する。このエンジンは最高出力162kW（220PS），最大トルク794N・m（81kgf・m）を発生し，平成22年規制の時代に搭載していた直列5気筒・排気量6.4ℓのJ07E型に対して，出力はほぼ同等，トルクはより大きい。トランスミッションは全車に日野製の6速AMT "Pro Shift" を組み合わせ，運転操作性の向上と適切な変速による燃費低減，さらにイージードライブにつなげている。排出ガス後処理装置には尿素SCRシステムを採用する。

グレードはメルファが上からロイヤルサルーン／スーパーデラックス／デラックス，ガーラミオが上からM-Ⅲ／M-Ⅱ／M-Ⅰの各3種類。最上級グレードはいずれもシート部段上げ・スイング扉，リクライニングシート8列＋乗務員2の定員35人。中間グレードはシート部段上げ・折戸，リクライニングシート9列＋補助席5＋乗務員1の定員43人。下位グレードは平床・折戸，固定シート9列＋

Hino Melpha/Isuzu GalaMio: Melpha is the medium-size bus for private and sight-seeing introduced in 1999 by Hino. The model became consolidated with Isuzu's in 2004. Both models offer 3 grades. The engine has been changed from L6 to L4 in 2017. At the same time, both MT and AT have been discontinued and only 6-speed AMT (Hino Pro Shift) is presently being offered.

いすゞガーラミオ
M-Ⅲ
2DG-RR2AJDJ
（北アルプス交通）

日野メルファ／いすゞガーラミオの略歴	
1999. 3	"メルファ9"発売. ホイールベース2種類, 全高2種類. 平成10年規制適合車《KK-》
1999. 6	初代"ガーラミオ"発売. ホイールベース2種類. 平成10年規制適合車《KK-》
2004. 8	メルファ9, 平成15年規制に適合《PB-》. 7m車メルファ7の中止で"メルファ"に改称の上, 全高3mの長尺車に集約. ガーラミオはメルファの統合モデルとなり2代目に移行《PB-》
2007. 7	平成17年規制に適合《BDG-》
2011. 7	平成22年規制に適合《SDG-》
2012. 5	新保安基準に対応
2015	メルファ プラグインハイブリッド限定発売（2017年中止）
2017. 7	平成28年規制に適合, 全車AMT化《2DG-》
2019. 6	高度OBDに対応

2019年にジェイ・バスが提案型モデルとして製作した中型VIPシャトル. ベース車はメルファが, 現在は中断されている.

補助席8＋乗務員1の定員46人が標準である. 最上級グレードはAV機器・冷蔵庫などを, 最上級と中間グレードは2スパン左右貫通トランクルームを備える. このほか車椅子用リフト付バスなどに適した特装用ベース車も設定されている.

装備面では坂道発進補助装置を標準装備するとともに, ディスチャージヘッドランプをオプション設定する. 運転席周りではメータークラスターにユニバーサルデザインを採り入れ視認性を高めるとともに, マルチインフォメーションディスプレイを組み込んでいる.

なお2015年には外部給電もできるハイブリッドバス「日野メルファ プラグインハイブリッド」が地域・用途を限定して発売された

【販売価格例＝メルファロイヤルサルーン・定員36人：2,185万1,500円. ガーラミオM-Ⅰ・定員45人：1,712万7,000円】

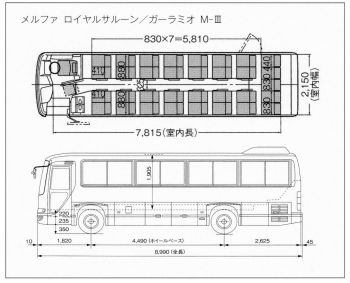

メルファ ロイヤルサルーン／ガーラミオ M-Ⅲ

↑メルファの運転席周り. メータークラスターにはユニバーサルデザインを採用, 視認性が向上した
←トランスミッションは全車6速AMTを装備する

↓メルファ ロイヤルサルーン／ガーラミオM-Ⅲの車内. 8列・定員35人. シート表皮は標準仕様の「エレガンス」

■諸元表

車名		日野メルファ／いすゞガーラミオ		
型式		2DG-RR2AJDA／2DG-RR2AJDJ		
扉位置		前扉	前扉	前扉
仕様		ロイヤルサルーン／M-Ⅲ	スーパーデラックス／M-Ⅱ	デラックス／M-Ⅰ
乗車定員	(人)	35	41	45
全長	(mm)	8,990	8,990	8,990
全幅	(mm)	2,340	2,340	2,340
全高	(mm)	3,035	3,035	3,035
ホイールベース	(mm)	4,490	4,490	4,490
トレッド(前／後)	(mm)	1,905/1,725	1,905/1,725	1,905/1,725
室内寸法(長)	(mm)	7,815	7,815	7,770
〃(幅)	(mm)	2,150	2,150	2,150
〃(高)	(mm)	1,905	1,905	1,905
車両重量	(kg)	7,575	7,610	7,375
車両総重量	(kg)	9,500	9,865	9,850
最小回転半径	(m)	7.4	7.4	7.4
エンジン仕様		直4・TI付		
エンジン型式		A05C(A5-Ⅷ)		
総排気量	(cc)	5,123		
最高出力	(kW/rpm)	162(220PS)/2,000		
最大トルク	(N・m/rpm)	794(81kgf・m)/1,500		
変速比①/②		6.098/3.858		
③/④		2.340/1.422		
⑤/⑥		1.000/0.744(以上AMT標準)		
終減速比		5.672		
重量車モード燃費(km/ℓ)		6.10		
ステアリング型式		インテグラル式パワーステアリング付		
サスペンション型式(前)		車軸式空気ばね(板ばね併用)		
(後)		車軸式空気ばね(板ばね併用)		
主ブレーキ		空気油圧複合式		
補助ブレーキ		排気ブレーキ		
タイヤサイズ		9R19.5 14PR		
燃料タンク容量	(ℓ)	190		

いすゞエルガミオ／日野レインボー

いすゞエルガミオ
2KG-LR290J4
（山交バス，AN）

　いすゞエルガミオは1999年に先代LRをフルモデルチェンジして発売された中型路線車で，2004年には日野にレインボーⅡ（型式KR）としてOEM供給を開始，2007年から2社の統合モデルとなった。エルガミオは2016年，2代目にフルモデルチェンジするとともに，レインボーⅡも「レインボー」に改称して発売された。2017年8月には両車とも平成28年排出ガス規制に適合，さらに2019年6月にはドライバー異常時対応システムEDSSを標準装備するとともに各部に改良を施した。製造はジェイ・バス宇都宮工場が行う。

　エルガミオ／レインボーは2015年に発売された大型路線車・いすゞエルガ／日野ブルーリボンとモジュール設計されている。また両車とも異形2灯式ヘッドランプ採用のフロントマスク，前中扉間ノンステップへの集約，燃料タンクの前輪タイヤハウス部設置とノンステップフロアの拡大，反転式スロープ板の採用など仕様は全く同じで，2015年ノンステップバス標準仕様に適合している。車内仕

2代目エルガミオ／レインボーの変遷	
2016.4	2代目エルガミオ発売，ノンステップのAMT車に集約，レインボーⅡはレインボーに改称《SKG-》
2017.8	平成28年規制に適合《2KG-》
2019.6	EDSS，BOAなど装備，高度OBDに対応（型式末尾4）

様は大型車に準じて都市型・ラッシュ型・郊外Ⅰ型・郊外Ⅱ型の4種類を設定する。なお燃料タンク位置は標準仕様が左前輪タイヤハウス部で，オプションで右前輪タイヤハウス部が選べるが，いずれも該当するタイヤハウス上に前向き席は設置されない。またヘッドランプ，テールランプ，車内・車外照明にはLED式を採用する。

　エルガミオ／レインボーとも平成28年排出ガス規制適合を機に，直4・排気量5.2ℓのいすゞ4HK1-TCS型エンジンを搭載する。このエンジンは新VGSシングルターボの採用により過給率を高めるとともに環境性能・燃費性能を改善，最高出力154kW（210PS），最大トルク706N·m（72kgf·m）を発生する。トランスミッションはいすゞ自製の6速AMTで，全車2ペダル化によりドライバーの負担軽減，適切な変速による燃費向上などにつなげてお

Isuzu Erga Mio (LR)/Hino Rainbow (KR): The medium-size route bus series with Isuzu's engine and chassis that received a model change and transformed to the second generation in April of 2016. Sharing the modular design with the large-size route bus Isuzu Erga/Hino Blue Ribbon that received a model change in 2015, the non-step floor has been widened by placing the fuel tank in the left front tire house. The models have the wheelbase of 4.4m, and are powered by Isuzu's L4 engine producing 154kW coupled with 6-speed AMT. 4 basic interior layouts are being offered.Along with adding Emergency Driving Stop System (EDSS) in 2019, the model received various refinements.

日野レインボー　2KG-KR290J4
（近鉄バス，Sz）

り，全車が平成27年度燃費基準を達成する。ファイナルギヤ比は標準1種類，オプション2種類（燃費重視，山岳向け）を設定する。このほかブレーキはフルエアを採用，冷房機器はデンソー製パッケージクーラーを標準装備する。

2019年の改良ではEDSSの装備のほか，AMTにオートニュートラル機能を加え，扉の開閉操作により動力の断接を自動で行うようにしたほか，ブレーキとアクセルを同時に踏んだ場合にエンジン出力を制御しブレーキを優先するBOA（ブレーキ・オーバーライド・アクセラレーター）を装備した。さらに高度OBDに対応した。

【販売価格例＝エルガミオ・都市型：2,298万8,900円，レインボー・都市型：2,312万7,500円】

↑エルガミオの運転席周り．ダッシュボード左下に運転席用のEDSS非常スイッチを備える．→都市型標準仕様の車内

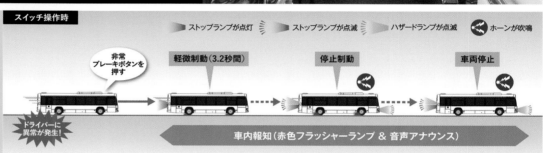

ドライバー異常時対応システムEDSSの作動イメージ（大型路線車エルガ／ブルーリボンも共通）．作動中は乗客に対して緊急停止をする旨，停止後はパーキングブレーキの操作と警察・救急への連絡を促す自動アナウンスが流れる

スイッチ操作時

ストップランプが点灯　　ストップランプが点滅　　ハザードランプが点滅　　ホーンが吹鳴

非常ブレーキボタンを押す

軽微制動（3.2秒間）　　停止制動　　車両停止

ドライバーに異常が発生！

車内報知（赤色フラッシャーランプ & 音声アナウンス）

いすゞエルガミオ／日野レインボー

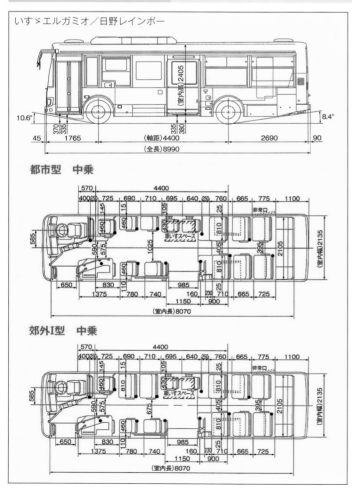

都市型　中乗

郊外I型　中乗

■諸元表

車　名		いすゞエルガミオ(LR)／日野レインボー(KR)
型　式		2KG-LR290J4／2KG-KR290J4
床形状		ノンステップ・都市型
扉位置		前中扉
乗車定員	(人)	61
全　長	(mm)	8,990
全　幅	(mm)	2,300
全　高	(mm)	3,045
ホイールベース	(mm)	4,400
トレッド(前／後)	(mm)	1,945／1,695
最低地上高	(mm)	125
室内寸法(長)	(mm)	8,070
〃 （幅）	(mm)	2,135
〃 （高）	(mm)	2,405
車両重量	(kg)	7,970
車両総重量	(kg)	11,325
最小回転半径	(m)	7.6
エンジン仕様		直4・TI付
エンジン型式		4HK1-TCS
総排気量	(cc)	5,193
最高出力	(kW/rpm)	154(210PS)/2,400
最大トルク	(N・m/rpm)	706(72kgf・m)/1,400〜1,600
変速比	①／②	6.615/4.095
	③／④	2.358/1.531
	⑤／⑥	1.000/0.722(以上AMT標準)
終減速比		5.571
重量車モード燃費	(km/ℓ)	6.00
ステアリング型式		インテグラル式パワーステアリング付
サスペンション型式（前）		車軸式空気ばね
〃 （後）		車軸式空気ばね
主ブレーキ		空気式
補助ブレーキ		排気ブレーキ
タイヤサイズ		245/70R19.5 136/134J
燃料タンク容量	(ℓ)	130

いすゞエルガ／日野ブルーリボン

いすゞエルガ　2PG-LV290N3（神戸市交通局，Sk）

　いすゞエルガ（LV）／日野ブルーリボン（KV）はジェイ・バス宇都宮工場で完成する大型路線バスで，前身はいすゞが2000年に発売した初代エルガである。2004年からブルーリボンⅡの名で日野にOEM供給が開始され，2005年には統合モデルとなった。2015年に両車種ともフルモデルチェンジ，その際にワンステップを中止してノンステップに集約するとともにエンジンを6気筒から4気筒に変更，日野はブルーリボンと改称した。現行モデルは2017年8月に発売された平成28年排出ガス規制適合車で，2019年6月にはドライバー異常時対応システムEDSSの標準装備をはじめ各部を改良した。

　スタイリングは2015年までの先代モデルのイメージを継承しつつ，段差の少ないボデーサーフェス，クリーンなウインドーグラフィック，両者共通の異形2灯式LEDヘッドランプを採用したフロントマスクなどを特徴としている。ノンステップのボデーは先代に対してホイールベースを短尺車で500mm，長尺車で700mm延長，これによりノンステップフロアを拡大するとともに，長尺車は先代の長尺ワンステップ車並みの収容力を確保している。また前後オーバーハング

の短縮とアプローチアングル・デパーチャアングルの拡大でワンステップ車並みの走破性を確保した。このほか燃料タンクを樹脂化し前輪タイヤハウス後方（標準は左側，オプションで右側）に設置することでノンステップフロアの段上げを解消，優先席の前向き化などにより通路幅の拡大も実現した。車内レイアウトは都市型，ラッシュ型，郊外Ⅰ型，郊外Ⅱ型が各々標準。ほかに寒冷地向けで右床下置き燃料タンク仕様があり，座席数をより多くとりたいニーズにも適している。車椅子乗降用に反転式スロープ板を標準採用する。

　エンジンは燃費・環境性能の改善，小型・軽量化を目的に，大型バス初の直列4気筒を搭載する。排気量5.2ℓのいすゞ4HK1-TCH型で，最高出力177kW（240PS），最大トルク735N・m（75kgf・m）を発生。2ステージターボにより低速域から中・高速域までの高過給で運転性能を確保している。排出ガス後処理装置はDPD，尿素SCRシステムを併用する。トランスミッションはいすゞ製6速AMTとアリソン製6速ATの2種類で，全車2ペダル化されている。このうちAMTは微速走行にも適したクリープ機能も持つとともに手動変

日野ブルーリボン　2PG-KV290Q3（北海道中央バス，Tn）

Isuzu Erga (LV)/Hino Blue Ribbon (KV): Second generation model of Isuzu Erga large-size city bus was introduced in 2015. Wheelbase variants are 5.3m and 6m. Along with discontinuing the one-step model and concentrating on the low entry model, the model can be characterized for its wide low floor area owing to its lengthened wheelbase. The engine has been changed from L6 to 5.2 liter L4. MT has been discontinued, with both Isuzu's 6-speed AMT and Allison's 6-sped AT being offered. Blue Ribbon is the same as the Erga and is being offered by Hino, with same variants. The models passed the 2016 emission regulations in 2017.Emergency Driving Stop System (EDSS) was added in 2019. They also offer a low entry transfer bus with the front door layout which can be fitted with the maximum of 12 rows of seats. (refer to page 48)

2019年の改良で標準装備されたドライバー異常時対応システムEDSSの客席用非常スイッチと警告灯（点滅状態）．運転席背後に取り付けられている．ドライバーの様子がわかりやすいよう，運転席と客席の仕切りは透明になった

N尺・都市型仕様の車内例．定員79人．ノンステップフロアの右側に6席，左側に3席を配置する

速も可能で，永久磁石式リターダをオプション設定する。またATは標準仕様と燃費重視型の2種類のシフトマップを用意，オプションでAT内蔵式の流体式リターダを設定する。全車が平成27年度重量車燃費基準を達成，中でもGVW14トン超のAMT車は基準値＋15％，同AT車は＋5％の燃費を達成している。このほか車内灯・車外灯はすべてLED式を採用，冷房装置は全車デンソー製である。

2019年の改良ではEDSSの標準装備に加えてAMTの制御プログラム改善，AMTへのオートニュートラル（扉の開閉操作により動力の断接を自動で行う機構）の採用，BOA（ブレーキ・オーバーライド・アクセラレーター）の標準装備，高度OBDへの対応などを図った。

【販売価格例＝エルガ・N尺都市型・6速AMT：2,758万3,600円，ブルーリボン・N尺都市型・6速AMT：2,735万1,500円】

エルガ（LV）／ブルーリボン（KV）型式一覧（48ページの前扉仕様も共通）

ホイールベース	5,300mm	6,000mm
14トン超16トン以下AMT車	2TG-LV/KV290N3	2TG-LV/KV290Q3
14トン超16トン以下 AT車	2PG-LV/KV290N3	2PG-LV/KV290Q3
12トン超14トン以下AMT車	2KG-LV/KV290N3	2KG-LV/KV290Q3
12トン超14トン以下 AT車	2DG-LV/KV290N3	2DG-LV/KV290Q3

2代目エルガ／ブルーリボンの変遷

2015.8	2代目エルガ（路線系）発売，ノンステップに集約，全車2ペダル化《QDG-，QKG-，QPG-，QRG-》
2015.9	ブルーリボンⅡを改称したブルーリボン発売《同》
2017.8	平成28年規制適合《2TG-，2PG-，2KG-，2DG-》
2019.6	EDSS，BOAなど装備，高度OBDに対応（型式末尾3に変更）

LV290N3／KV290N3 ラッシュ型

LV290Q3／KV290Q3 郊外Ⅱ型

■諸元表

車　　名		いすゞエルガ（LV）／日野ブルーリボン（KV）	
型　　式		2PG-LV／KV290N3	2TG-LV／KV290Q3
床形状・仕様		ノンステップ・都市型	
扉位置		前中扉	
乗車定員	（人）	79	87
全　　長	（mm）	10,430	11,130
全　　幅	（mm）	2,485	2,485
全　　高	（mm）	3,045	3,045
ホイールベース	（mm）	5,300	6,000
トレッド（前／後）	（mm）	2,065/1,820	2,065/1,820
最低地上高	（mm）	130	130
室内寸法（長）	（mm）	9,495	10,195
〃　　（幅）	（mm）	2,310	2,310
〃　　（高）	（mm）	2,405	2,405
車両重量	（kg）	9,770	9,930
車両総重量	（kg）	14,115	14,715
最小回転半径	（m）	8.3	9.3
エンジン仕様		直4・TI付	
エンジン型式		4HK1-TCH	
総排気量	（cc）	5,193	
最高出力	（kW／rpm）	177(240PS)/2,400	
最大トルク	（N・m/rpm）	735(75kgf・m)/1,400〜1,900	
変速機		6速AT	6速AMT
変速比 ①／②		3.486/1.864	6.615/4.095
③／④		1.409/1.000	2.358/1.531
⑤／⑥		0.749/0.652	1.000/0.722
終減速比		6.500	
重量車モード燃費	（km／ℓ）	4.60	4.90
ステアリング型式		インテグラル式パワーステアリング付	
サスペンション型式（前／後）		車軸式空気ばね	
主ブレーキ		空気式	
補助ブレーキ		排気ブレーキ	
タイヤサイズ		275/70R22.5 148/145J	
燃料タンク容量	（ℓ）	160	

三菱ふそうエアロスター

三菱ふそうエアロスターノンステップ　2PG-MP38FM（両備バス，Sk）

　エアロスターは三菱ふそうバス製造（MFBM）が製造する大型路線バスである。エンジン縦置きを基本とするふそう大型路線車MPシリーズの第3世代で，「エアロスター」のネーミングでは2代目にあたる。2代目エアロスターは1996年に発売され，翌1997年に国産市販バス初のノンステップバスを加えた。2014年に全車メジャーチェンジを行い，フロントマスクの変更，ノンステップバスのホイールベース延長などを行った。現行モデルは2017年10月に発売された平成28年排出ガス規制適合のノンステップバスとワンステップバスで，2019年9月に高度OBDへの対応，ドライバー異常時対応システムEDSSの標準装備をはじめとする改良を行った。

　バリエーションはノンステップバスがホイールベース2種類，ワンステップバスが同3種類。基本仕様はノンステップが都市型ラッシュ仕様と郊外型，ワンステップが都市型である。ノンステップバスは2009年に設定されたワンステップをベースとする前〜中扉間ノンステップで，2014年の大幅な改良に際し，国産大型バスでは初めて樹脂製燃料タンクを採用して左前輪タイヤハウス後方に設置した。またノンステップバスのホイールベースを短尺で195mm，長尺で250

エアロスター型式一覧（＊はアイドリングストップシステム自動戻り装置付）

ホイールベース	4,995mm	5,550mm	
ノンステップ（＊）	2PG-MK38FK	2PG-MK38FM	
ノンステップ	2KG-MP38FK	2KG-MP38FM	

ホイールベース	4,800mm	5,300mm	6,000mm
ワンステップ（＊）	2PG-MP35FK	2PG-MP35FM	2PG-MP35FP
ワンステップ	2KG-MP35FK	2KG-MP35FM	2KG-MP35FP

mm延長した。これらにより，優先席の前向き化とノンステップフロアの拡大を実現した。さらに燃料タンクの形状変更に伴い給油口が高い位置に改まり，給油時の疲労軽減にもつながっている。

　エンジンは9m車MM（現在中止）用をベースにする直6，排気量7.5ℓの6M60（T6）型199kW（270PS）を搭載。排出ガス後処理装置は再生制御式DPFと尿素SCRシステム（メーカー呼称：ブルーテック）を併用している。トランスミッションは全車が6速AT（アリソン製）に統一されている。これは小排気量エンジンゆえの低速トルク不足をカバーし，運転操作性の向上，メンテナンスコストの低減などをねらったもの。このATはシフトマップが3種類用意され，路線環境などに応じて選択できる。また冷房装置は標準でデンソー

Mitsubishi Fuso Aero Star: The city bus is the second generation of Aero Star which had been introduced in 1996. The first mass produced low floor bus in Japan was added to the line-up in 1997, but the low floor has been to low entry since then. The model received extensive revisions in 2014, with the wheelbase being lengthened on the low entry variant for wider low floor space. Since 2011, the model has been powered by 7.5 liter L6 engine combined with Alison's 6-speed AT. When the model passed 2016 emission regulations in 2017, two-step variant for private was discontinued. Variants offered are low entry (2 wheelbase variants) and one-step (3 wheelbase variants). Emergency Driving Stop System (EDSS) was added in 2019.

三菱ふそうエアロスターワンステップ
2PG-MP35FM（岐阜乗合自動車，Ya）

←2019年の改良で運転席背後に装着されたEDSSの客席用非常スイッチ．仕切り板は透明化された（西武バス）．→EDSSの非常スイッチを押した状態．車内5カ所の赤色警告灯が点滅，非常停止の警告放送が流れるとともに，車外にはホーンが吹鳴する

製，オプションで三菱重工製を設定する．全車が平成27年度重量車燃費基準を達成するが，燃費および排出ガス規制記号はエンジンアイドリングストップ装置の仕様により異なり，アイドリングストップ装備で自動戻り装置付のみ燃費4.45km/ℓで2PG-，それ以外の仕様は燃費4.30km/ℓで2KG-となる．

　装備面では国産バスで初めて反転式の車椅子用スロープ板を標準採用，車椅子利用者への迅速な対応を実現するとともに乗務員の負担を軽減した．運転席周りでは吊り下げ式アクセルペダルを採用，微妙な操作を可能にするとともに運転疲労の軽減につなげている．このほかアクセルの踏み過ぎを検知して加速を抑制し燃費低減を図るECOモードや，加速時などにエアコンのコンプレッサーを一時停止するエアコンECOスイッチなどを備える．また安全装備として

サイドビューカメラ＆液晶モニターを標準装備する．2019年9月の改良ではEDSSを標準装備した．非常時に点滅する車内のLED灯は天井2カ所・右側2カ所・左側1カ所の計5カ所に設置し，視認性を高めている．併せて高度OBDへの対応，テールランプ／ストップランプおよびオプションの増灯ストップランプのLED化を図った．
【販売価格例＝エアロスターノンステップ・K尺都市型：3,059万円，ワンステップ・M尺：2,622万円】

三菱ふそうエアロスターの略歴（2009年以降）

2009.4	ワンステップベースの前中扉間ノンステップバス発売《PKG-》
2010.5	平成21年規制適合車発売，全車AT化《LKG-》
2012.4	新保安基準・新ワンマンバス構造要件に適合および各部改良《QKG-，ツーステップ自家用の補助席付仕様はQDG-》
2014.5	マイナーチェンジ，フロントスタイル一新，各部改良，ノンステップバスはホイールベース延長《QKG-》
2016.2	2015年ノンステップバス標準仕様に認定
2017.10	平成28年規制に適合《2PG-，2KG-》，自家用ツーステップ中止
2019.9	EDSS，LEDテールランプ装備，高度OBDに対応

エアロスター　ノンステップ　2PG-/2KG-MP38FK　都市型ラッシュ仕様

エアロスター　ノンステップ　2PG-/2KG-MP38FM　郊外型仕様

■諸元表

車　名		三菱ふそうエアロスター		
型　式		2PG-MP38FK	2PG-MP38FM	2PG-MP35FP
床 形 状		ノンステップ都市型	ノンステップ郊外型	ワンステップ都市型
扉 位 置		前中扉		前中扉（4枚折戸）
乗車定員	（人）	78	80	86
全　長	(mm)	10,705	11,260	11,450
全　幅	(mm)	2,490	2,490	2,490
全　高	(mm)	3,120	3,115	3,125
ホイールベース	(mm)	4,995	5,550	6,000
トレッド（前／後）	(mm)	2,065/1,815	2,065/1,815	2,065/1,815
最低地上高	(mm)	135	135	165
室内寸法（長）	(mm)	9,305	9,860	10,050
〃　（幅）	(mm)	2,305	2,305	2,305
〃　（高）	(mm)	2,460	2,460	2,270
車両重量	(kg)	10,460	10,730	10,140
車両総重量	(kg)	14,750	15,130	14,870
最小回転半径	(m)	8.3	9.2	9.8
エンジン仕様		直6・TI付		
エンジン型式		6M60(T6)		
総排気量	(cc)	7,545		
最高出力	(kW/rpm)	199(270PS)/2,500		
最大トルク	(N·m/rpm)	785(80kgf·m)/1,100～2,400		
変 速 比	①/②	3.487/1.864		
	③/④	1.409/1.000		
	⑤/⑥	0.750/0.652（以上AT標準）		
終減速比		6.166		
重量車モード燃費	(km/ℓ)	4.45		
ステアリング型式		インテグラル式パワーステアリング付		
サスペンション型式（前）		車軸式空気ばね		
〃　　　（後）		車軸式空気ばね		
主ブレーキ		空気油圧複合式		
補助ブレーキ		排気ブレーキ，パワータードブレーキ		
タイヤサイズ		275/70R22.5 148/145J		
燃料タンク容量	(ℓ)	155		160

日野ブルーリボンハイブリッド／いすゞエルガハイブリッド

日野ブルーリボンハイブリッド　2SG-HL2ANBP（関東バス）

日野のハイブリッドバスは1991年暮から営業運行を開始，その後市販化されたパラレル式のディーゼル—電気ハイブリッドバスHIMR（ハイエムアール）がルーツで，以来エンジンのダウンサイジング，バッテリーの変更（鉛→ニッケル水素），制御系の改良，ボデーの低床化などを図りながら進化を続けてきた。2005年にはノンステップ化に際して名称をHIMRからハイブリッドに変更した。

現行のブルーリボンハイブリッドは2015年12月にボデー，シャーシー，ハイブリッドシステムとも一新し，HLの型式名で発売された。ボデースタイルは2015年にフルモデルチェンジされたブルーリボン（ディーゼル車KV＝いすゞエルガの統合モデル）と共通化するとともに，屋根上のバッテリーを小型化して全高を低減。またハイブリッドシステムは，走行中は常時エンジンとモーターを併用した先代に対し，発進時はモーター駆動のみとなり，モーターの負担比率を高めて燃費を低減している。エンジンはそれまでの直6から直4に換装するとともにモーターを高出力化，さらにエンジン〜モーター間にクラッチを備え，発進時・減速時にはクラッチを切ることでモーターの負荷を減らし高効率な回生を実現している。さらにトランスミッションは日野製の6速AMT"Pro Shift"を搭載し，ドライバーの運転スキルを問わず適切な変速・回生を行うことで好燃費につなげている。

2017年に発売された現行の平成28年排出ガス規制適合車は排気量5.1ℓ，最高出力191kW（260PS）の日野製A05C-K1型エンジンを搭載，重量車モード燃費値は5.5km/ℓで，平成27年度燃費基準＋15%を達成している。このモデルは2018年に「いすゞエルガハイブリッド」としても発売された。エルガハイブリッドの2代目にあたる。初代のエルガハイブリッドは先代エルガノンステップをベースにイートン製ハイブリッドシステムを組み込んだパラレルハイブリッド車であったが，2代目はブルーリボンハイブリッドとの統合により，ボデーの一新と環境性能・燃費性能の向上を図った。型式はベース車のアルファベット末尾をP

ブルーリボンハイブリッド／エルガハイブリッドの変遷

2015.12	ブルーリボンシティハイブリッドをフルモデルチェンジして発売《QSG-》
2017.8	平成28年規制に適合《2SG-》
2018.4	統合モデルのいすゞエルガハイブリッド発売
2019.6	高度OBDに対応

日野ブルーリボンハイブリッド
2SG-HL2ASBP（道北バス，Nk）

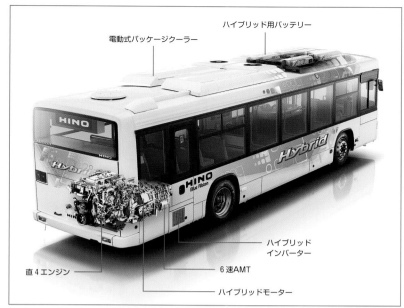

ハイブリッド用バッテリー
電動式パッケージクーラー
HINO Blue Ribbon Hybrid
ハイブリッド
インバーター
6速AMT
ハイブリッドモーター
直4エンジン

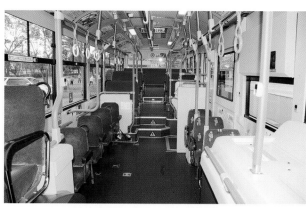

↑ハイブリッドシステムの構成．▲日野ブルーリボンハイブリッド　2SG-HL2ANBP
都市型の車内例（川崎市交通局）．▶同型車の運転席席周り．日野製6速AMTを搭載，メー
タークラスターはディーゼル車と異なる専用のものを採用する（関東バス）
↘いすゞエルガハイブリッド　2SG-HL2ANBD．仕様・諸元はベースのブルーリボンハイ
ブリッドと共通．型式末尾が日野車のPに対してDとなる

からDに変更している．平成28年規制車は両車種とも2019年6月に
高度OBDへの対応を行った．

　ブルーリボンハイブリッド／エルガハイブリッドとも内外装・装
備や足回りなどはディーゼル車（KV/LV）に準じるが，リヤオー
バーハングはKV/LVよりも125mm長く，冷房機器はハイブリッド用
バッテリーからの電力でコンプレッサーを駆動する電動式パッケー
ジクーラー（デンソー製）を搭載する．またメータークラスターも
ハイブリッド独自のものを装備する．

【販売価格例＝ブルーリボンハイブリッド・N尺都市型：3,202万
6,500円，エルガハイブリッド・N尺都市型：3,235万7,600円】

Hino Blue Ribbon Hybrid (HL): Hino's hybrid bus which has history dating back to 1991, underwent its first complete model change in 10 years in December of 2015. Along with sharing the body with the new Blue Ribbon (KV), the hybrid system has been replaced by the new generation system which had been experimentally operated for the last 2 years. Combining the straight 4, 5.1 liter engine and the newly developed motor, the vehicle only utilizes the motor when starting. It utilizes Hino's 6-speed AMT.

2SG-HL2ANBP／2SG-HL2ANBD　都市型

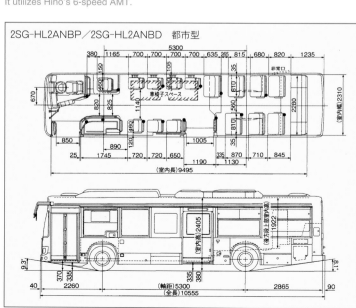

■諸元表

車　名		ブルーリボンハイブリッド／エルガハイブリッド	
型　式		2SG-HL2ANBP/BD	2SG-HL2ASBP/BD
床形状		ノンステップ	
扉位置		前中扉	
乗車定員	（人）	79	87
全　長	（mm）	10,555	11,255
全　幅	（mm）	2,485	2,485
全　高	（mm）	3,105	3,105
ホイールベース	（mm）	5,300	6,000
トレッド（前／後）	（mm）	2,065/1,820	2,065/1,820
最低地上高	（mm）	130	130
室内寸法（長）	（mm）	9,495	10,195
〃　　（幅）	（mm）	2,310	2,310
〃　　（高）	（mm）	2,405	2,405
車両重量	（kg）	10,190	10,420
車両総重量	（kg）	14,535	15,205
最小回転半径	（m）	8.3	9.3
エンジン仕様／電動機仕様		直4・TI付／交流同期電動機・90kW	
エンジン型式		A05C-K1	
総排気量	（cc）	5,123	
最高出力	（kW/rpm）	191（260PS）/2,300	
最大トルク	（N・m/rpm）	882（90kgf・m）/1,400	
変速比 ①／②／③		6.515/4.224/2.441	
④／⑤／⑥		1.473/1.000/0.702（以上AMT標準）	
終減速比		5.857	
バッテリー		ニッケル水素電池 6.5Ah	
重量車モード燃費値（km/ℓ）		5.50	
サスペンション型式（前／後）		車軸式空気ばね	
主ブレーキ		空気式	
補助ブレーキ		エンジンリターダ，ハイブリッドリターダ	
タイヤサイズ		275/70R22.5 148/145J	
燃料タンク容量（ℓ）		160	

トヨタ SORA

トヨタSORA　ZBC-MUM1NAE（日立自動車交通）

トヨタSORA（ソラ）はトヨタ自動車が2018年3月に発売した燃料電池ハイブリッド（以下FC）バスである。

　トヨタでは長年にわたり，水素の電気化学反応により発電しモーター駆動するFC車の研究・開発を進めるとともに，小型車と並行して，日野自動車と共同で大型バスでの実用化も進めてきた。最初に発表されたFCバスは2001年のFCHV-Bus1で，翌年には発展型のFCHV-Bus2が公道試験走行を開始，さらに改良されたFCHV-BUSが2005年の愛知万博シャトルバスを皮切りに，市街地路線・空港連絡路線などで2013年まで実証運行された。2015年にはそれらの実績を元に開発された先行市販モデル「TFCB」が営業運行を開始した。

　トヨタSORAはTFCBをベースに使い勝手や耐久信頼性を高めるとともに，デザインも一新，FCバスでは初めて型式認定を得た。心臓部であるFCスタックはFC乗用車MIRAI用と同じ最高出力114kWを2個搭載，113kWモーター2個を駆動する。駆動用のバッテリーはハイブリッド車と同じくニッケル水素を搭載する。一方ボデーは

Toyota Sora：Sora is the first genuine fuel cell bus offered on the market which was introduced in 2018 after approximately 20 years of Toyota's development and experimental operations of the fuel cell bus. The model is equipped with 2 FC stacks（114kW）which are used on the fuel cell passenger automobile Mirai which drives the 2 113kW motors. The body is based on the Blue Ribbon Hybrid which had been manufactured by their subsidiary Hino until 2015, but the wheelbase has been extended and rear overhang shortened to improve on board comfortability. Exterior has been completely changed to achieve an original design, and has a swing out middle door which is a first for the domestic bus. The vehicles are presently being operated in Tokyo, Yokohama　and Aichi Prefecture.

2015年まで販売された日野ブルーリボンシティハイブリッドをベースに，ホイールベースを50cm延長，リヤオーバーハングを50cm短縮し，ノンステップフロアを拡大するとともに，車椅子利用者やベビーカーに対応する横向きのジャンプシートを装備するのも特徴。また中扉は先代のTFCB同様，外吊り式スイングアウトドアを装備している。2019年8月には装備面の充実を図り，ドライバー異常時対応システムEDSSなどの標準装備のほか，ITSコネクト技術を応用した路車間通信システムDSSS，車群情報提供サービス，電波型PTPS，さらに自動正着制御（オプション）を設定した。SORAは2019年12月現在，東京都交通局で15台，豊田市の「とよたおいでんバス」（運行：名鉄バス，豊栄交通）で2台，京浜急行バス・横浜市交通局・日立自動車交通で各1台が営業運行している。

高圧水素タンク：燃料の水素を貯蔵する，世界トップレベルの貯蔵性能（5.7wt%）を誇る軽量・小型のタンク。公称使用圧力は70MPa（約700気圧）

FCスタック：トヨタ初の量産型燃料電池。小型化と世界トップレベルの出力密度を実現。体積出力密度3.1kW/ℓ，最高出力114kW（155PS）×2

主要コンポーネント

モーター：FCスタックで作られた電気と駆動用バッテリーからの電気により駆動する。最高出力113kW（154PS）×2，最大トルク335N・m（34.2kgf・m）×2

■諸元表

車　　名		トヨタSORA
型　　式		ZBC-MUM1NAE
乗車定員	（人）	79（客席22＋立席56＋乗務員1）
全　　長	（mm）	10,525
全　　幅	（mm）	2,490
全　　高	（mm）	3,350
モーター仕様		交流同期電動機
〃　　最高出力	（kW）	113（154PS）×2
〃　　最大トルク	（N・m/rpm）	335×2
FCスタック		トヨタFCスタック（固体高分子形）
〃　　最高出力	（kW）	114（155PS）×2
高圧水素タンク本数		10本（公称使用圧力70MPa）
〃　　タンク内容積	（ℓ）	600
駆動用バッテリー		ニッケル水素
外部電源供給能力		9kW/235kWh
サスペンション型式（前後共）		車軸式空気ばね

東京都交通局"フルフラットバス" スカニア／ボルグレン

スカニア／ボルグレン　2DG-NB4X2BVJ（東京都交通局）

　スカニア／ボルグレンの"フルフラットバス"は東京都交通局が2018年度に29台を導入した輸入ノンステップバスである。それ以前の同局の乗合車はすべて国土交通省標準仕様ノンステップバスであり，中扉より後部の床面に段差を持つローエントリー車であった。同局では乗客の利便性向上と車内後方へ乗客の誘導，混雑解消を目的に，後輪間通路部もノンステップ構造にした"フルフラットバス"の開発を企画，その過程で国産メーカーにも開発を要望したが，名乗りを挙げたのがスカニアで，リヤアクスルにZF製ポータルアクスルAV133を採用してフルフラット化を実現，同局の仕様に合わせたボデーを，オーストラリアのボルグレンが担当する組み合わせで対応した。なお同局の呼称"フルフラットバス"は1997年から数年にわたり導入された国産ノンステップバスの第1世代の復活といえるが，"フラットさ"では当時の車両より改善している。

　東京都交通局の車両は全長11m・全幅2.5mで，軸重は10トン以下と，いずれも国内の基準に収まるとともに，国内の型式を取得している。エンジンは車体最後部に排気量9.3ℓ，最高出力206kW（280PS）のスカニアDC09型を片寄せ搭載，6速AT（ZF製）を組み合わせる。空調装置はヴァレオ製である。車内は定員74人で，前〜中扉間は右側に折り畳み式の前向き席4席，左側に横向き優先席3席，中扉以降は前向き席15を配置，中扉以降の通路はほぼフラットになった。

　ベースとなったモデルは，既に国内で稼働しているボルグレン製連節バスのベースにもなっているSVオプティマスである。ボデー構造はアルミ成型材をボルト留めして組み立てる「コボルトシステム」を採用，外板などにもアルミを多用して軽量化を図っている。販売はスカニアジャパンが行う。

Bureau of Transportation, Tokyo Metropolitan Government Scania/Volgren: The low floor bus, 29 units of which were purchased by Bureau of Transportation, Tokyo Metropolitan Government in 2018 with the nickname "Full Flat Bus". The vehicles were obtained with the purpose of improving comfortability and passenger flow in the area to the rear of the middle door compared to the present domestic low-entry buses. The chassis is manufactured by Scania which already offers trucks, articulated buses, and double decker buses domestically, while the body is Volgren's Optimus which has been used on articulated buses.

フルフラットな通路を持つ車内

■諸元表

車　名		SVオプティマス
型　式		2DG-NB4X2BVJ
床形状		ノンステップ（フルフラット）
乗車定員	（人）	74
全　長	（mm）	11,045
全　幅	（mm）	2,495
全　高	（mm）	3,180
ホイールベース	（mm）	5,185
室内寸法（長）	（mm）	8,830
〃　　　（高）	（mm）	2,265
車両重量	（kg）	11,190
車両総重量	（kg）	15,260
最小回転半径	（m）	9.7
エンジン仕様		直5・TI付
エンジン型式		DC09
総排気量	（cc）	9,291
最高出力	（kW/rpm）	206（280PS）/1900
最大トルク	（N·m/rpm）	1,400（143kgf·m）/1,000〜1,350
変速機		6速AT
サスペンション型式（前）		車軸式空気ばね
〃　　　　　　（後）		車軸式空気ばね
主ブレーキ		空気式（ディスク）
補助ブレーキ		排気ブレーキ，流体式リターダ
タイヤサイズ		275/70R22.5
燃料タンク容量	（ℓ）	180
尿素水タンク容量	（ℓ）	45

BYD電気バス K9／K7

BYD　K9（岩手県交通）

BYDは中国の電気自動車並びに充電池のメーカーで，現在は世界200都市に約5万6,000台の電気バスを出荷している。日本では2015年に京都のプリンセスラインが初めて採用し，大型路線バスK9の運行を開始した。2019年末現在，日本国内にはK9のほか，全長9mクラスの路線バスK7，大型観光バスC9の3車種が導入されている。なお国内販売はBYDの日本法人，BYDジャパンが行う。

大型路線バスK9は全長12m・全幅2.5mと，日本国内規格では最大寸法のボデーと，前中扉間ノンステップ（ローエントリー）構造を備え，総アルミ製ボデーにより電気バスにふさわしい軽量化を図っている。駆動用モーターはスペース効率に優れたインホイール式を採用し，出力は180kW（90kW×2），最大トルクは800N・mを発生，最高速度は70km/hである。駆動用バッテリーはBYD製リン酸鉄リチウムイオンが総容量324kWhで，1充電あたりの航続距離は最大250km。約8時間でフル充電され，充電サイクルは約4,000回である。なお2015年にプリンセスラインに導入された5台はバッテリーを3カ所に分散配置した「3パック仕様」で後軸重は11.5トンと基準緩和を要したが，その後導入された「2パック仕様」は軸重が10トンに収まる。K9は現在プリンセスラインで7台，沖縄シップスエー

BYD K9/K7;BYD, the Chinese manufacturer of electric buses, has been offering their buses of the Japanese market since 2015. Total of 18 units of their route buses are being operated at Kyoto, Okinawa, Fukushima, and Iwate. Of these buses, the vehicles of Fukushima (Aizu Bus) are K7's with the overall width similar to large-size buses and overall length of 9m. The other vehicles are K9's with the overall length of 12m. The newest K9 is equipped with 2 90kW motors, along with lithium iron phosphate battery manufactured by BYD with the total capacity of 324kW. The vehicles can be operated for approximately 250km per charge. The vehicles are being sold by BYD Japan.

ジェンシーで10台，岩手県交通で1台が稼働する。

全長9mクラスの路線バスK7は，全長9.48m・全幅2.5mのボデーを持つ前中扉間ノンステップ構造の電気バスで，定員40人。モーター出力は75kWでバッテリー総容量217kWh，1充填当たりの航続距離は180kmである。2019年1月に会津乗合自動車が3台導入した。冬場は会津若松市内路線で，2019年夏のシーズンからは国立公園尾瀬の環境保全を目的にシャトルバスとして活躍している。

なおBYDジャパンでは2020年春に，日本向けに開発された小型路線バスJ6の発売を予定している（観光車C9は57ページ参照）。

BYD　K7（会津乗合自動車）

■K9諸元表（仕様例）

車　　名		BYD K9
床 形 状		ノンステップ
乗車定員	（人）	62
全　　長	（mm）	12,000
全　　幅	（mm）	2,500
全　　高	（mm）	3,400
ホイールベース	（mm）	6,100
最低地上高	（mm）	140
車両重量	（kg）	13,170
車両総重量	（kg）	16,085
電動機仕様		交流同期　90kW×2
最大トルク	（N・m）	800
バッテリー仕様		リン酸鉄リチウムイオン
バッテリー容量	（kWh）	324（増設可）
最高速度	（km/h）	70
1充電あたり航続距離	（km）	250
サスペンション型式	（前後共）	空気ばね（電子制御）
主ブレーキ	（前後共）	ディスク・ABS付

アルファバス ECITY　L10

アルファバスは中国・江蘇省に本社を置くバスメーカーで，1996年のトヨタコースターの市場導入を皮切りにバス事業に参入，2000年代にはスペインのバスビルダーINDCARやIVECOからバスボデー技術を，日野自動車からシャーシー技術を学ぶなどして技術を磨き，さらにスカニアと技術協力関係を確立した。2019年現在では年間約1,000台の電気バスを生産しており，中国市場のほかEUなどに輸出している。

ECITY　L10は2019年11月の「第5回バステクin首都圏」で発表された日本市場向けの大型電気シティバスで，右ハンドル，非常口設置，全幅2.5m，後軸重10トン未満などの日本の道路運送車両法保安基準に適合している。国内のシティバスの主力サイズである全長10.5mボデーで，ワンマンバス構造要件をすべて満たしているほか，ワンマン機器を含めて国内仕様の装備品に対応，さらにウインカーレバーは国産車と同じ右配置であるなど，二次架装や大幅な手直しの必要なく運行開始できる特徴を備えている。

ボデーはアルミ製で定員例は76人（うち客席数23）の前中扉間ノンステップバスである。駆動系は210kWモーターを搭載，296kWhのリチウムイオンバッテリーにより1充電航続距離は約240km，また充電設備はCHAdeMOに対応する。

日本での販売は，アルファバス，電子機器販売のエクセル，バスボデー整備・バス機器販売のヴィ・クルーの3社合弁によるアルファバスジャパンが担当し，ディーゼル車に比肩し得る車両価格が公表されており，2020年から本格的な市場展開が開始される。

アルファバス ECITY　L10　↓定員76人の車内

Alfa Bus ECITY L10: Alfa Bus is a manufacturer that grew in the 2000's by receiving technological assistance from European and Japanese manufacturer of large-size vehicles, and presently offer electric buses to markets around the world. They will introduce the large-size electric route bus ECITY L10 which had been developed to pass the Japanese vehicle and one- man operation regulations to the Japanese market in 2020. The body is low entry, with overall width, weight per axle, and emergency exit that can pass the Japanese regulations. The vehicle can also be equipped with Japanese components. The model can be operated for 240km per charge.

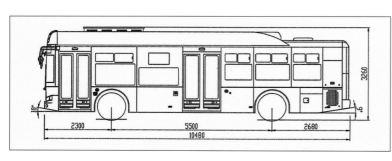

ECITY　L10

■諸元表

全　　　長	(mm)	10,480
全　　　幅	(mm)	2,500
全　　　高	(mm)	3,260
ホイールベース	(mm)	5,500
フロントオーバーハング	(mm)	2,300
リヤオーバーハング	(mm)	2,680
トレッド(前／後)	(mm)	2,085／1,855
乗車定員	(人)	76(うち座席23＋1)
車両重量	(kg)	11,800
車両総重量	(kg)	15,485
モーター		永久磁石式三相同期
モーター出力	(kW)	210
最大トルク	(N·m)	2,600
バッテリー種類		リチウムイオン
バッテリー容量	(kWh)	296
1充電当たり航続距離	(km)	240
タイヤサイズ		275/70 R22.5

オノエンスター 電気バス

オノエンスター 電気バス 10.5m車

　自動車整備・輸入販売を行う東京のオノエンジニアリングは2016年から中国・ヤーシン（揚州亜星）製のバス，アジアスターを国内販売しており，これまで全長8m級の大型車幅ハイデッカー観光車を「オノエンスター」のネーミングで展開してきたが，2020年からは新たにヤーシン製の電気バスを販売する。

　そのラインアップは路線バスが3車型で，全長10.5mの大型ノンステップバス，大型車幅・全長9mのミディサイズのノンステップバス，全長7mの小型ノンステップバスである。

　いずれも搭載バッテリーはリチウムイオンで，世界的なバッテリーサプライヤーの一つである中国CATL製である。

　航続距離を含めた各車の詳細については，正式な発売時点で，バスラマ通常号で紹介する。

↑オノエンスター 電気バス 9m車の外観と運転席周り
←オノエンスター 電気バス 7m車

Onoen Star Electric Bus: Ono Engineering which has been importing sightseeing buses manufactured by Yaxing of China is scheduled to introduce Yaxing's electric buses to the domestic market in 2020. 3 variants, the large-size buses with overall lengths of 10.5m and 9m, respectively, along with the 7m long small-size bus will be offered.

仕　　　様		10.5m車	9 m車	7 m車
全　　　長	(mm)	10,500	8,990	6,990
全　　　幅	(mm)	2,500	2,500	2,260
全　　　高	(mm)	3,250	3,250	3,020
ホイールベース	(mm)	5,950	4,670	4,050
電動機出力	(kW)	140	90	80
バッテリー種類			リチウムイオン（CATL製）	
バッテリー容量	(kWh)	242	163	95

■諸元表

各諸元は仕様例で，市販車は変更される場合がある

連節車 いすゞエルガデュオ／日野ブルーリボンハイブリッド連節バス

ISUZU

いすゞエルガデュオ　LX525Z1

　エルガデュオとブルーリボンハイブリッド連節バスは，いすゞと日野の共同開発により2019年5月に発売された国産連節バスである。国内では2020年開催の東京オリンピック・パラリンピックへの対応を視野に，都内でバスによる大量輸送が計画されるとともに，近年は全国各地でドライバー不足も踏まえた輸入連節バスの導入が見られる。国産連節バスの開発はこうしたニーズに対応するもので，エンジン・シャーシーを含めた国産連節バスは初であるとともに，ハイブリッドシステムの採用も初めてである。

　ボデーは全長18m・全幅2.5mで，エルガ／ブルーリボンをベースに，フロントに独自のデザインを盛り込んでいる。前車体はフルフラットノンステップ，後車体は扉から後方を2段上げしており，定員は120人である。駆動系はブルーリボンハイブリッドで実績のある日野製のパラレル式ハイブリッドシステムを搭載するが，車両重量の増加に伴いエンジンはベース車の4気筒から6気筒に変更されており，大型観光車セレガに準じた排気量9ℓのA09C-K1型（265kW）を搭載，日野製7速AMTを組み合わせる。駆動用バッテリー（ニッケル水素，6.5Ah），モーター（交流同期電動機，90kW）はベース車と共通である。アクスルは3軸ともZF製で，電子制御ブレーキ

システムEBSの採用に伴い総輪ディスクブレーキを備える。前後車体は独ヒューブナー製のターンテーブルで結合され，後退時は連節角度に応じてエンジントルクを制限するほか，屈曲角度が過大になり安全性が損なわれそうになった場合は非常ブレーキを作動させる。機動性にも優れ，最小回転半径が9.7mと，エルガ／ブルーリボン長尺車の＋0.4mに抑えられている。このほかドライバー異常時対応システムを標準装備（路線バスでは世界初）するほか，ITSを活用したプラットホーム正着制御技術・車間距離維持システムなどの搭載が予告されている。なお連節バスは道路運送車両法の保安基準の上限12mを超えているため，運行には基準緩和や道路管理者・警察等の許可が必要だが，本車は国産のため全幅や非常口の設置などは保安基準に適合しており，基準緩和の範囲は輸入車より少なくて済む。

【販売価格例（税別）＝エルガデュオ：8,780万円】

Isuzu Erga Duo/Hino Blue Ribbon Hybrid Articulated Bus:With the upcoming 2020 Tokyo Olympics and to answer the need to secure transportation in face of driver shortage, Erga Duo/Hino Blue Ribbon Hybrid Articulated Bus are the first articulated buses with both domestic bodies and chassis. The models utilize the hybrid powertrain of Hino, and are powered by Hino's 9 liter engines with the output of 265kW. The models utilize ZF transmissions as well as Hubner's turntables. Passenger capacity is 120, with the minimum turning radius of 9.7m.

■諸元表

型　式		いすゞLX525Z1／日野KX525Z1
仕　様		都市型・全扉乗降式仕様
乗車定員	（人）	客席36＋立席83＋乗務員1＝120
全　長	（mm）	17,990
全　幅	（mm）	2,495
全　高	（mm）	3,260
ホイールベース	（mm）	5,500/6,350
トレッド	（mm）	第1軸2,100/第2軸1,835/第3軸1,835
最低地上高	（mm）	135
室内寸法	（mm）	長16,730/幅2,310/高2,405
車両重量	（kg）	18,025
車両総重量	（kg）	24,625
最小回転半径	（m）	9.7
電動機仕様・出力		交流同期電動機　90kW
エンジン仕様		直6・TI付
エンジン型式		A09C-K1
総排気量	（cc）	8,866
最高出力	（kW/rpm）	265（360PS）/1,800
最大トルク	（N·m/rpm）	1,569（160kgf·m）/1,100～1,600
変　速　比	①②③④	6.230/4.421/2.452/1.480
〃	⑤⑥⑦	1.000/0.761/0.595（AMT標準）
終減速比		6.190
ハイブリッド用バッテリー		ニッケル水素　6.5Ah
サスペンション型式		車軸式空気ばね（3軸共）
主ブレーキ		空気式・ディスク
補助ブレーキ		エンジンリターダ＋ハイブリッドリターダ
駐車ブレーキ		空気式・車輪制動形
タイヤサイズ（第1・第2軸共）		275/70R22.5 148/145J
〃　（第3軸）		275/80R22.5 151/148J
燃料タンク容量	（ℓ）	250

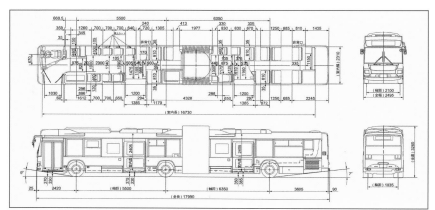

メルセデス・ベンツ シターロ G

メルセデス・ベンツ　シターロG（神奈川中央交通）

　シターロはダイムラーが1997年に発売したシティバスで，世界各地で活躍が見られる。日本には2008年から連節バスのシターロGが輸入され，全幅や後軸重などの規制緩和を受けたうえで，2016年までに5事業者に31台が導入された。日本への輸入にあたっては，ダイムラーグループの三菱ふそうトラック・バスが必要に応じて輸入業務や国内向けの仕様変更などを担当してきたが，2016年10月からはユーロⅥ適合車が正式な商品として三菱ふそうトラック・バスにより販売されており，現在までの稼働台数は13台である。

　このモデルはそれまで輸入されてきたシターロGを2011年にモデルチェンジした，第2世代の右ハンドル仕様で，外観は躍動的なウインドーグラフィックが特徴である。エンジンの搭載方法を縦置きに変更した関係で，全長は先代の18mから若干延びた18.175mとなった。定員は標準的な119人仕様のほか，シートアレンジにより最大160人まで設定できる。エンジンは排気量10.7ℓのOM470型（265kW）を搭載，フォイト製4速ATを組み合わせる。このほか車両挙動制御装置や連節部ターンテーブル制御などにより，安全な走行を実現している。

　なおメンテナンスは三菱ふそうのサービスネットワークが対応，また運行にあたっては規制緩和申請が必要である。

↑神奈川中央交通のシターロGの車内．定員は座席45＋立席82＋乗務員1

車　　名		メルセデス・ベンツ シターロG
床 形 状		ノンステップ
全　　長	(mm)	18,175
全　　幅	(mm)	2,550
全　　高	(mm)	3,120
ホイールベース	(mm)	第1～2軸：5,900，第2～3軸：5,990
車両重量	(kg)	16,785
最小回転半径	(m)	9.6
エンジン仕様		直6・TI付
エンジン型式		OM470
総排気量	(cc)	10,700
最高出力	(kW/rpm)	265(360PS)/1,800
最大トルク	(N·m/rpm)	1,700/1,100
変 速 機		4速AT

↑諸元表（仕様例）

シターロG　左ハンドル仕様の例

スカニア／ボルグレン連節バス

　スカニア／ボルグレン連節バスは，スウェーデンのスカニアがシャーシーを，オーストラリアのボルグレンがボデーを製作し，三井物産プラントシステムが2015年から販売する，日本市場に特化したノンステップ連節バスである。

　日本市場では2000年代以降，ヨーロッパ製ノンステップ連節バスの完成車輸入が増えているが，近年の輸入車はいずれもヨーロッパ基準のため車両全幅や後軸重が国内基準（全幅2.5m，軸重10トン）を超えており，そのため18mの全長のみならず，全幅や後軸重も特例の認可を受けている。これに対してスカニア／ボルグレン連節バスは条件が整えば，全幅・軸重が国内基準に合致することも可能で，環境性能は日本の最新排出ガス規制に相当するユーロⅥに適合している。こうした特徴はオーストラリアが交通方法や車両寸法などで日本と共通性が高いことにも由来している。

　ボデーはボルグレンのシティバス「オプティマス」をベースにしており，工法に「コボルトシステム」を採用する点などは41ページに紹介した東京都交通局のスカニア／ボルグレン "フルフラットバス" と同様である。

　エンジンは排気量9.3ℓで360HPを発生する直列5気筒のスカニアDC9 112型を搭載，リターダ内蔵の6速AT（ZF製エコライフ）を組み合わせる。定員例は客席40人＋立席75人＋乗務員1人＝116人（軸重10トン以下の場

合），ワンマン機器類は現地工場での取り付けにも対応する。アフターサービスはスカニアジャパンが担当し，シャーシー・ボデーの主要パーツを千葉県のデポに保管することで迅速な供給が可能である。なおこれまでに13台が登録され，新潟市（運行：新潟交通），西鉄，奈良交通で運行している。

■諸元表（仕様例）

車　名		スカニア／ボルグレン連節バス
乗車定員	（人）	座席40＋立席75＋乗務員1＝116（最大約130）
全　長	（mm）	17,990
全　幅	（mm）	2,490
全　高	（mm）	3,210
ホイールベース	（mm）	5,190＋6,760
車両重量	（kg）	16,430
車両総重量	（kg）	22,810
定員乗車時の各軸重	（kg）	第1軸5,420　第2軸7,405　第3軸9,985
最小回転半径	（m）	10.1
エンジン仕様		直5・TI付
エンジン型式		DC9
総排気量	（cc）	9,280
最大出力	（hp/rpm）	360/1,900
最大トルク	（N・m/rpm）	1,700/1,100-1,350
変速機		6速AT（ZFエコライフ，リターダ内蔵）
タイヤサイズ		275/70R22.5

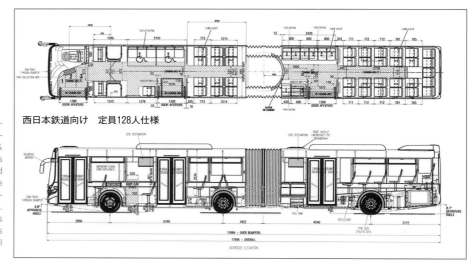

西日本鉄道向け　定員128人仕様

Scania/Volgren Articulated Bus: The articulated bus utilizing Scania's chassis and body manufactured by Volgren, the models is being imported and sold by Mitsui & Co. Plant Systems. The European articulated buses which had been imported to Japan in recent years had the overall width exceeding 2.5 meters and the rear axle weight exceeding 10 tons, and are being operated as exceptions even though they exceed domestic regulations. As this model is manufactured in Australia which has traffic laws and width regulations similar to Japan, it has the merit of not being an exception (excluding the overall length of 18m) under certain conditions.

いすゞエルガ／日野ブルーリボン〈前扉仕様〉

　エルガ／ブルーリボン〈前扉仕様〉は2017年，同路線系の平成28年排出ガス規制適合を機に追加されたバリエーションで，先代エルガ／ブルーリボンⅡ〈自家用ツーステップ〉のフルモデルチェンジ車である。主として送迎用を謳っており，衝突被害軽減ブレーキは備えないため高速道路の走行には対応しない。

　車体構造は路線系と共通で，前扉〜後輪前方間の通路をノンステップ，シート部を段上げすることで乗降性と居住性を両立している。燃料タンクは左床下に配置される。2種類のホイールベース（N尺：5.3mとQ尺：6m），直4・排気量5.2ℓの177kWエンジンと6速AMTまたは6速ATの組み合わせも路線系に準じている。なおAMT・ATともリターダがオプション設定されるが，Q尺のAT車には標準装備される。標準仕様の定員はN尺が11列・補助席付72人または同・補助席なし78人，Q尺が11列・補助席付78人または同・補助席なし84人である。内装ではシート生地に標準仕様とオプションの消臭加工を各2種類用意，このほか荷物棚などを標準装備する。2019年6月にはドライバー異常時対応システムEDSSの標準装備，高度OBDへの対応などの改良を行い，型式末尾を「2」から「3」に改めた。

いすゞエルガ
前扉仕様
2DG-LV290
N2（宮城交通，
EDSS装着前
の型式）
➡乗降口と通
路前半がノン
ステップの車
内

■諸元表

車　名		いすゞエルガ(LV)／日野ブルーリボン(KV)前扉仕様	
型　式		2DG-LV/KV290N3	2TG-LV/KV290Q3
床形状		ノンステップ	
仕　様		補助席付	
乗車定員	(人)	72	78
全　長	(mm)	10,430	11,130
全　幅	(mm)	2,485	2,485
全　高	(mm)	3,045	3,045
ホイールベース	(mm)	5,300	6,000
トレッド(前/後)	(mm)	2,065/1,820	2,065/1,820
最低地上高	(mm)	130	130
室内寸法(長)	(mm)	9,495	10,195
〃　(幅)	(mm)	2,310	2,310
〃　(高)	(mm)	2,405	2,405
車両重量	(kg)	9,640	9,760
車両総重量	(kg)	13,600	14,050
最小回転半径	(m)	8.3	9.3
エンジン仕様		直4・TI付	
エンジン型式		4HK1-TCH	
総排気量	(cc)	5,193	
最高出力	(kW/rpm)	177(240PS)/2,400	
最大トルク	(N·m/rpm)	735(75kgf·m)/1,400〜1,900	
変速機		6速AT	6速AMT
変速比	①/②	3.486/1.864	6.615/4.095
	③/④	1.409/1.000	2.358/1.531
	⑤/⑥	0.749/0.652	1.000/0.722
終減速比		6.500	
重量車モード燃費	(km/l)	4.95	4.90
ステアリング型式		インテグラル式パワーステアリング付	
サスペンション型式(前/後)		車軸式空気ばね	
主ブレーキ		空気式	
補助ブレーキ		排気ブレーキ	
タイヤサイズ		275/70R22.5 148/145J	
燃料タンク容量	(ℓ)	160	

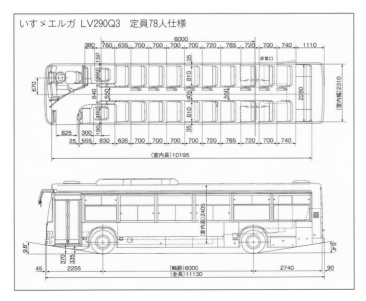

いすゞエルガ LV290Q3 定員78人仕様

日野セレガ／いすゞガーラ

日野セレガハイデッカ リフト付仕様　2TG-RU1ASDA改
（中国ジェイアールバス，Fu）

　日野セレガ／いすゞガーラは日野といすゞのバス事業統合により，2005年にデビューした，セレガR（初代セレガの改良型）と初代ガーラのフルモデルチェンジ車である。基本的な開発並びにエンジン・駆動系・足回りは日野が担当し，いすゞは電子制御サスペンションなど一部を担当した。全車ジェイ・バス小松工場で製造されている。発売以来数次の改良が加えられており，現行モデルは2017年発売の平成28年規制適合車である。2018年には前年9m車で先行したAMT搭載が12m車にも波及するとともに，商用車初のドライバー異常時対応システムEDSSを標準装備した。さらに2019年7月には高度OBDへの対応のほか，EDSSを自動検知式に改めた。

　両車種とも12mスーパーハイデッカー（セレガスーパーハイデッカ／ガーラSHD），12mハイデッカー（セレガハイデッカ／ガーラHD），9mハイデッカー（セレガハイデッカショート／ガーラHD-9）の各々3種類。これらはボデーパーツの共通化などを目的にモ

ジュール設計されている。12m車は貸切用，高速路線用（昼行／夜行。スーパーハイデッカーは夜行のみ），同・車椅子乗降用リフト付などのほか，装備を基本的な内容にとどめた廉価仕様（セレガリミテッドエディション／ガーラVP）がある。またジェイ・バス特別仕様で最後部の大型化粧室が設定されている。一方9m車は貸切用のみで，8列の一般観光のほか，1列サロン／2列サロン，車椅子乗降用リフト付などがある。なおリフト付仕様車は，安全性の向上や昇降時間の短縮を図った新型リフトを2017年から採用する。

　エンジンはすべて日野製で，12m車は直6・排気量8.9ℓ・265kW（360PS）のA09C-UV〈AT-Ⅷ〉型と，同・排気量12.9ℓ・331kW（450PS）のE13C-AE〈ET-ⅩⅥ〉型の2種類。このうちA09Cは7速AMTまたはMTとの組み合わせによる燃費低減をねらいハイデッカーに

Hino S'elega/Isuzu Gala: The large-size sightseeing coach series manufactured by J Bus and sold by Hino and Isuzu is available in 3 basic models, 12m super high decker, 12m high decker, and 9m high decker. Hino is responsible for development as well as chassis and engines of the model. Straight 6 12.9 liter (high output) and 6.9 liter (low fuel consumption) engines power the 12m models, while the 9m model is powered by 5.1 liter Straight 4 engine. Since it was first introduced in 2005, the model has received various revisions to pass several emission regulation changes as well as to improve fuel consumption and to enhance safety. AMT has been offered as standard equipment on the 9m model since 2017. In 2018, AMT has been added to the 12m models, along with EDSS emergency driver system for all of the models.

いすゞガーラSHD（スーパーハイデッカー）
2RG-RU1ESDJ（美山観光バス，HA）

2019年に標準装備された自動検知式EDSS．ドライバーモニターⅡの検知機能によりドライバーの異常を判断し自動停止するシステムで，従来のEDSSのように非常スイッチ操作でも停止する．左は実演中の車内で，ドライバーがうつぶせになったことで非常ブレーキがかかったシーン，右の赤矢印はカメラ，黄矢印は運転席用非常スイッチ

搭載，またE13Cは6速AMTまたはMTを組み合わせ，ハイデッカーとスーパーハイデッカーに搭載される．一方9m車は直4・排気量5.1ℓ・191kW（260PS）のA05C〈A5-Ⅲ〉型を搭載，全車が7速AMTを搭載する．なおAMTもすべて日野製である．燃費性能は12m車のうち8.9ℓエンジン車が平成27年度重量車燃費基準＋15%，12.9ℓエンジン車は同基準＋10%を各々達成．9m車のGVW12トン未満も同基準を達成している．

安全面では歩行者検知機能付の衝突被害軽減ブレーキPCS，車間距離を自動制御するスキャニングクルーズⅢ／可変スピードリミッター，車両安定制御システムVSC，車両ふらつき警報，ドライバーの顔を検知してわき見や居眠りに対して注意喚起するドライバーモニターⅡ，車線逸脱警報などを備える．また2019年に自動検知式に進化したEDSSは，ドライバーモニターⅡの検知機能および車線逸脱警報の機能によりドライバーの異常を判断し自動停止するシステムで，初期のEDSSと同様，ドライバー自身または乗務員，乗客の非常ボタン操作でも停止する．

【販売価格例＝セレガスーパーハイデッカ・一般観光・11列・6速AMT：5,045万1,500円，セレガハイデッカショート・2列サロン観光・7速AMT：3,576万6,500円。ガーラHD・貸切11列・265kW・7速AMT：4,378万3,300円】

セレガ／ガーラ型式一覧

	日野セレガ	いすゞガーラ
スーパーハイデッカー ハイデッカー（12.9ℓ）	2RG-RU1ESDA	2RG-RU1ESDJ
ハイデッカー（8.9ℓ）	2TG-RU1ASDA	2TG-RU1ASDJ
9mハイデッカー（GVW12トン以下）	2KG-RU2AHDA	2KG-RU2AHDJ
9mハイデッカー（GVW12トン超）	2DG-RU2AHDA	2DG-RU2AHDJ

■諸元表　　　　　　　　　　　　　　　　＊車内前方〜後方，変速比はMT・AMT同一

車　　名		日野セレガ		いすゞガーラ	
型　　式		2RG-RU1ESDA	2TG-RU1ASDA	2TG-RU1ASDJ	2KG-RU2AHDJ
床形状		スーパーハイデッカー	ハイデッカー	ハイデッカー	ハイデッカー（9m）
仕　　様		2列サロン観光	一般観光	高速路線・HD	2列サロン観光
乗車定員	（人）	43	62	56	29
全　　長	（mm）	11,990	11,990	11,990	8,990
全　　幅	（mm）	2,490	2,490	2,490	2,490
全　　高	（mm）	3,750	3,500	3,500	3,485
ホイールベース	（mm）	6,080	6,080	6,080	4,200
トレッド（前／後）	（mm）	2,050/1,840	2,030/1,820	2,030/1,820	2,040/1,820
最低地上高	（mm）	200	200	200	185
室内寸法（長）	（mm）	10,920	10,910	10,940	7,910
〃　（幅）	（mm）	2,315	2,315	2,315	2,315
〃　（高）	（mm）	1,950	2,000〜1,780＊	2,000〜1,780＊	1,950
車両重量	（kg）	12,880	12,290	12,220	10,080
車両総重量	（kg）	15,245	15,700	15,300	11,675
最小回転半径	（m）	8.7	8.7	8.7	6.3
エンジン仕様		直6・TI付		直6・TI付	直4・TI付
エンジン型式		E13C-AE 〈ET-ⅩⅥ〉	A09C-UV 〈AT-Ⅷ〉	A09C-UV 〈AT-Ⅷ〉	A05C 〈A5-Ⅲ〉
総排気量	（cc）	12,913	8,866	8,866	5,123
最高出力	（kW/rpm）	331（450PS）/1,700	265（360PS）/1,800	265（360PS）/1,800	191（260PS）/2,300
最大トルク	（N・m/rpm）	1,961（200kgf・m） /1,100	1,569（160kgf・m） /1,100〜1,600	1,569（160kgf・m） /1,100〜1,600	882（90kgf・m） /1,400
変速比　①/②		6.590/4.200	6.230/4.421	6.230/4.421	6.515/4.224
③/④		2.340/1.407	2.452/1.480	2.452/1.480	2.441/1.473
⑤/⑥/⑦		1.000/0.697/−	1.000/0.761/0.595	1.000/0.761/0.595	1.000/0.746/0.578
終減速比		4.100	5.250	5.250	5.857
重量車モード燃費（km/ℓ）		4.50	4.95	4.95	5.00
ステアリング型式		インテグラル式車速感応型 パワーステアリング付		インテグラル式 車速感応型 パワーステアリング付	インテグラル式 パワーステアリング付
サスペンション型式（前）		独立懸架式空気ばね		独立懸架式空気ばね	
〃　　　　　　（後）		車軸式空気ばね		車軸式空気ばね	
主ブレーキ		空気式		空気式	
補助ブレーキ		エンジンリタダ，永久磁石式リタダ（一部車型はOP）			
タイヤサイズ（前／後）		295/80R22.5		295/80R22.5	10R22.5 14PR
燃料タンク容量　（ℓ）		430			300

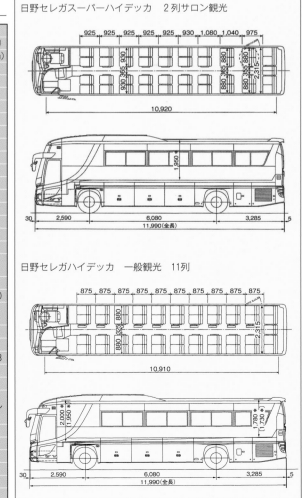

日野セレガスーパーハイデッカ　2列サロン観光

日野セレガハイデッカ　一般観光　11列

カタログ設定されるインテリアコーディネートから，プレミアムの一例

日野セレガ／いすゞガーラの略歴（ハイブリッドを除く，2010年以降）

2010.7	セレガ，平成21・22年規制適合車に移行（ガーラは8月）《12m車：LKG-，9m車：LDG-／SDG-》
2012.5	セレガ12m車，新保安基準適合，8.9ℓエンジン車追加《QPG-／QRG-》．9m車，新保安基準適合（ガーラは6月）
2014.4	全車，安全装備を強化．12.9ℓ車が燃費改善《QRG-》（発表はセレガが3月11日，ガーラが同19日）
2015.4	8.9ℓエンジン車が排出ガス規制記号を変更《QTG-》
2017.7	平成28年規制に適合，9m車は全車AMT化《12m車：2RG-，2TG-，9m車：2DG-，2KG-》
2018.6	12m車にAMT設定，全車にEDSS標準装備（セレガは6月発表・7月発売，ガーラは7月発表・発売）
2019.6	自動検知式EDSS装備，高度OBDに対応

The first EDSS had to be activated by either the driver, the crew, or passengers, but with the improvements to the face recognition camera, the function of the vehicle coming to an automatic stop when the system recognizes that the driver is facing down has been added.

日野セレガハイデッカショート　2列サロン観光・7列

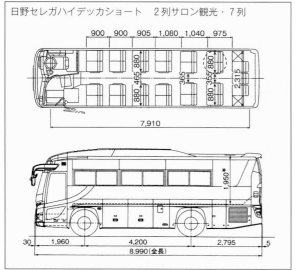

日野セレガハイデッカショート　2KG-RU2AHDA（船木鉄道，TM）

三菱ふそうエアロクィーン／エアロエース

三菱ふそうエアロエース　2TG-MS06GP（名古屋バス，HK）

　エアロクィーン（スーパーハイデッカー）／エアロエース（ハイデッカー）は，2007年，先代エアロクィーン／エアロバス（MS8系）をフルモデルチェンジして登場した大型観光バスである。以来10年にわたりMS9系として排出ガス規制強化への対応など数度の改良を図ってきた。2017年の平成28年排出ガス規制への適合を機に，エンジンの小排気量化と併せてトランスミッションを6速MTから8速AMTに変更，基本的な内外装はそのままにMS0系へと生まれ変わった。さらに2019年2月にはフロントスタイルの一新とともに，ドライバー異常時対応システムEDSSなど各種安全装備の充実を図った。

　エアロクィーンは全高3.54m，エアロエースは全高3.46mで，両車共通の「クール＆エモーション」を基調にしたスタイリングが特徴。2019年の改良ではLEDヘッドランプ／フォグランプの採用と併せてフロントマスクを大きく変更し，個性的な顔立ちとなった。空調機器はエアロクィーンが床下据置型直冷，エアロエースは天井直冷である。用途別のバリエーションは観光・貸切用（一般観光，サロン＝後部回転シート付），高速路線用（夜行，昼行，空港連絡。エア

ロクィーンは夜行のみ）である。なおエアロエースには12列・乗客定員60人仕様（貸切，空港連絡），床下〜客席間を車椅子のままで移動できるエレベーター付仕様（2018年追加設定），近距離高速路線などに向けた13列・乗客定員65人仕様（2019年追加設定）もある。

　グレードはベーシックなエコライン（エアロエースのみ），充実装備のプロライン，プロラインに上級装備を加えたプレミアムラインの3種類で，リヤウインドーを縁取る後面シグネチャーライト（青色LED）は上位2グレードに標準またはオプションで設定される。また前面シグネチャーライトも販売会社のオプションで用意れる。メーカーが設定する標準的な内装コーディネートはプロライン6種，プレミアムライン3種，エコライン3種である。

　エンジンは全車が直6・排気量7.7ℓで280kW（381PS）を発生する6S10（T2）型を搭載する。2ステージターボを採用し，低回転域から高回転域まで優れた過給効果を発揮する。トランスミッションは全車が8速AMTの"ShiftPilot"で，燃費向上やイージードライブ

Mitsubishi Fuso Aero Queen/Aero Ace: The large-size sightseeing coach series introduced in 2007 comprised of Aero Queen super high decker coach and Aero Ace high decker coach. In the 10 years since its introduction, there have been several revisions to improve fuel consumption and enhanced safety. The engine has also been changed from Fuso's original to Daimler Group's common platform. In passing the 2016 emission regulations in 2017, the engine has been vastly downsized from the 12.8 liters of the previous model to 7.7 liters, while the transmission has been changed to 8-speed AMT so that the power of the small displacement engine can be fully utilized and for easier driving. Along with the first completely new front mask since it has been introduced, safety features have been enhanced in 2019 with Emergency Driving Stop System (EDSS) and Active Sideguard System which assists prevention of collisions when turning left.

三菱ふそうエアロクィーン　2TG-MS06GP
（多野観光，Sk）

↑三菱ふそうエアロ
エース　エレベータ
ー付仕様
2TG-MS06GP（阪神
バス，HB）
←2019年にエアロエ
ースに追加設定され
た13列シート仕様．
乗客定員65人（名鉄
バス）

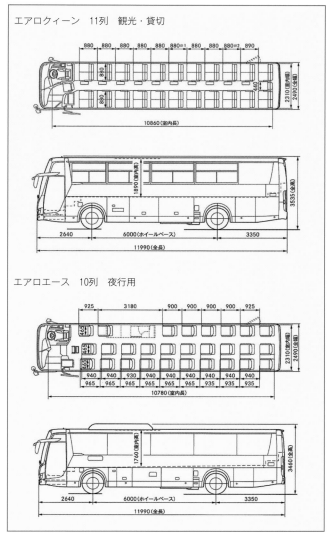

エアロクィーン　11列　観光・貸切

エアロエース　10列　夜行用

にも貢献する。AMTはステアリングコラム左側に装備されたマル
チファンクションレバーにより，指先での操作が可能である。また
AMTはマニュアルを含めて3つのモードを備えるとともに，クリー
プ機能，巡航時に動力伝達をカットして燃費低減につなげるエコ
ロール機能などを装備する。燃費性能は全車が平成27年度重量車燃
費基準＋15%を達成している。

　安全装備として，歩行者検知機能付の衝突被害軽減ブレーキABA4，
顔認識カメラなどにより運転注意力低下を検知して警報を発するア
クティブ・アテンション・アシスト，車線逸脱警報（運転席バイブ
レーター警報付），車間距離保持機能と自動停止・発進機能を併せ持
つプロキシミティー・コントロール・アシスト，さらに2019年に追
加されたドライバー異常時対応システムEDSS，同じく左方の歩行者・
自転車等を検知して左折操作や左ウィンカー操作の際に警告するア
クティブ・サイドガード・アシスト（クラス初）などを装備する。
【販売価格例＝エアロクィーン・プレミアムライン・一般観光11列
サロン：5,011万3,000円，エアロエース・同12列：4,767万7,000円】

三菱ふそうエアロクィーン／エアロエースの略歴（2010年以降）

2010. 5	12m車，平成21年規制適合車に移行《LKG-》
2011. 8	9m車MM，平成21年／22年規制適合車に移行《LDG-／SDG-》
2012. 4	12m車，新エコカー減税対応で排出ガス記号変更《QRG-》
2012. 7	新保安基準に適合．12m車，サブエンジン冷房を直冷に変更
2012. 7	エアロエースショートタイプMM，低排出ガス車に認定《QDG-／TDG-》
2012.12	12m車に衝突被害軽減ブレーキAMBを標準装備
2014. 8	9m車，安全装備などを12m車に準拠，型式をMM97に変更
2014. 9	12m車，各部改良，ターボの変更などで燃費改善
2015. 4	12m車の一部車型が新エコカー減税対応《QTG-》
2015. 7	車線逸脱警報装置を改良，12m全車燃費改善《QTG-》
2016. 5	AMB2.0を標準装備
2017. 5	平成28年規制に適合，全車AMT化《2TG-》，9m車MM中止
2018.10	エアロエースにエレベーター付仕様を設定
2019. 2	フロントマスク変更．EDSS，アクティブ・サイドガード・アシストなど装備（2月発表・4月発売）

■諸元表

車　　名		三菱ふそうエアロクィーン	三菱ふそうエアロエース	
型　　式			2TG-MS06GP	
床 形 状		スーパーハイデッカー	ハイデッカー	
仕様・グレード		サロン・プレミアム	一般・プロ	夜行線・プレミアム
乗車定員	（人）	55	62	30
全　　長	（mm）	11,990	11,990	11,990
全　　幅	（mm）	2,490	2,490	2,490
全　　高	（mm）	3,535	3,460	3,460
ホイールベース	（mm）	6,000	6,000	6,000
トレッド（前／後）	（mm）	2,050/1,835	2,030/1,820	2,050/1,835
最低地上高	（mm）	200	200	200
室内寸法（長）	（mm）	10,860	10,860	10,780
〃　　（幅）	（mm）	2,310	2,310	2,310
〃　　（高）	（mm）	1,890	1,760	1,760
車両重量	（kg）	13,020	12,700	13,470
車両総重量	（kg）	16,045	16,110	15,120
最小回転半径	（m）	9.5	9.5	9.5
エンジン仕様		直6・TI付		
エンジン型式		6S10（T2）		
総排気量	（cc）	7,697		
最高出力	（kW/rpm）	280（381PS）/2,200		
最大トルク（N·m/rpm）		1,400（143kgf·m）/1,200〜1,600		
変速比	①/②/③	6.570/4.158/2.748		
	④/⑤/⑥	1.739/1.256/1.000		
	⑦/⑧	0.794/0.632（以上AMT標準）		
終減速比		4.444		
燃　　費	（km/ℓ）	4.30	4.30	4.90
ステアリング型式		インテグラル式車速感応型パワーステアリング付		
サスペンション型式（前）		独立懸架式空気ばね（ECS付）		
〃　　　　　（後）		車軸式空気ばね（ECS付）		
主ブレーキ		空気式		
補助ブレーキ		Jakeブレーキ＋流体式リターダ		
タイヤサイズ（前／後）		295/80R22.5		
燃料タンク容量	（ℓ）	405		

ヒュンダイ ユニバース

ヒュンダイ ユニバース　2DG-RD00

　ユニバースは韓国の現代（ヒュンダイ）自動車が2006年に発売した大型観光・高速バスである。同社はかつて三菱自動車から技術供与を受けてふそうエアロバスを国産化した時代があるが，ユニバースは完全な自社技術で開発・発売した。発売開始以来，韓国市場では圧倒的なシェアを獲得している。日本国内では2008年夏から先行販売を開始，同年秋には輸入車の型式認定（平成17年規制適合）を取得の上，2009年2月に現代自動車ジャパンから正式発売された。日本向けは全高3.53mのハイデッカーで，本国の最上級グレード「エクスプレス・ノーブル」をベースとした右ハンドル車である。2012年には基本スタイルはそのままに灯火器規制に対応，フロントマスク一新，ルーフスポイラー・リヤスポイラーの大型化などを図った。

　現行の平成28年排出ガス規制適合車は2017年に発売された。エンジンは直6・排気量10ℓで316kW（430PS），2,060N·mを発生するHエンジン（D6HC型）を搭載，トランスミッションはパワーアシスト付6速MT（ZF製）のほか，2018年からトルコン式6速AT（ZF製エコライフ，ダブルオーバードライブ）を設定した。また補助ブレーキはエンジンリターダに加え，AT車がATに内蔵される流体式リターダを標準装備，MT車は流体式リターダ（ZFインターダ）をオプション設定する。内装の基本仕様は観光系：4車型（乗客定員45～58人），2×1ワイドシート：2車型（同27・30人），都市間仕様：1車型（同40人，以上MT車の場合）で，いずれも全正席に3点式シートベルトを標準装備する。装備面では乗務員用トランクルーム，車高調整機能などを標準装備，クラリオン製AV機器などをオプション設定する。安全面では衝突被害軽減ブレーキAEBS，車線逸脱警報装置LDWS，車両安定性制御装置VDC，オートクルーズなどを各々標準装備する。

　2019年秋にはマイナーチェンジを行い，後部側窓の形状を変更するとともに，トランクルームのフルフラット化（マット貼り），トランクルームのLED照明，エンジンルーム火災警報装置，リヤフォ

Hyundai Universe: The large-size sightseeing and highway coach series introduced by Hyundai of South Korea in 2006. The model has been offered on the Japanese market since 2008. The Japanese model is the right hand drive high decker with the overall height of 3.49m based on the most luxurious model of its native country. The model passed the 2009 emission regulations in November of 2010. The new model is powered by the 312kW engine utilizing the SCR system. The 2016 model is equipped with the automatic brake AEBS, LDWS, and VDC to comply with Japanese regulation.To pass the more stringent emission regulations of 2017, the 12.3 liter engine has been made smaller to 10 liters while maintaining the same output. AT's are being planned for 2018.Model equipped with 6-speed AT (ZF) was added in 2018.

ヒュンダイ ユニバース　2DG-RD00
（ワールドキャビン，Ya）

日本国内におけるユニバースの略歴	
2007.10	東京モーターショーに日本向け試作車を展示
2008.夏	市販車の先行販売を開始
2009. 2	平成17年規制適合車を正式発売《ADG-》
2010.11	平成21年規制適合車に移行《LDG-》
2011. 9	３列独立シート（２×１仕様）を追加
2012. 4	外装を中心にマイナーチェンジ
2013. 8	2013年モデル発売．車高調整装置を標準装備
2016. 1	衝突被害軽減ブレーキ，車線逸脱警報装置，車両安定性制御装置を標準装備して発売
2017.10	平成28年規制に適合《2DG-》
2018. 4	AT車を追加
2019.10	側窓形状変更，各部改良

グランプ，右フロントアンダーミラー，広角バックアイカメラを各々標準装備した。また新規オプションとして，側窓・後面窓のカラー（ブラック）ガラス，メラミン仕様の客室腰板材，前方42型モニター，客席シートグリップ，USBポートを設定した。

　販売ディーラーには自動車販売会社，交通事業者，商社などが名を連ねているが，各販売ディーラーによる独自仕様も少なくなく，トイレや大型化粧室，高音質オーディオなどの採用例がある。メンテナンスはメーカー，ディーラーが契約する全国185カ所で受けられるほか，横浜市内に大規模パーツセンターを設置し，全国への円滑な部品供給を行っている。なお2019年12月時点での国内でのユニバースの販売・受注台数は累計780台である。
【販売価格例＝ユニバース・６速AT・観光・10列・２×１ワイドシート仕様：3,512万4,100円，６速MT・観光・11列仕様：3,219万8,100円】

2019年の改良で最後部側窓のコーナー形状が曲線から直線に変更された

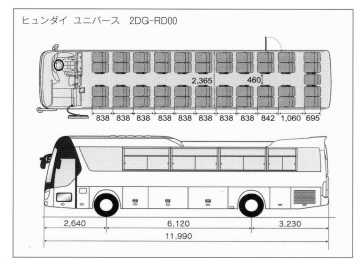

ヒュンダイ ユニバース　2DG-RD00

↑AT車の運転席周り．↓２×１ワイドシート車の車内例．ユニバースはシート仕様を問わず，全正席に３点式シートベルトを装備する

■諸元表

車　　名		ヒュンダイ ユニバース		
型　　式		2DG-RD00		
床 形 状		ハイデッカー		
グレード・仕様		観光	２×１ワイドシート	都市間
乗車定員	（人）	47	29	41
全　　長	（mm）	11,990	11,990	11,990
全　　幅	（mm）	2,490	2,490	2,490
全　　高	（mm）	3,535	3,535	3,535
ホイールベース	（mm）	6,120	6,120	6,120
トレッド（前）	（mm）	2,075	2,075	2,075
トレッド（後）	（mm）	1,850	1,850	1,850
最低地上高	（mm）	200	200	200
室内寸法（長）	（mm）	10,775	10,775	10,775
〃　　（幅）	（mm）	2,365	2,365	2,365
〃　　（高）	（mm）	1,950	1,950	1,950
車両重量	（kg）	12,730	12,870	12,640
車両総重量	（kg）	15,260	14,465	14,895
最小回転半径	（m）	10.3	10.3	10.3
エンジン仕様		直6・TI付		
エンジン型式		D6HC		
総排気量	（cc）	9,959		
最高出力	（kW/rpm）	316（430PS）/1,800		
最大トルク	（N・m/rpm）	2,060（210kgf・m）/1,200		
変 速 機		6速AT	6速MT	
変 速 比	①/②	3.364/1.909	6.435/3.769	
	③/④	1.421/1.000	2.259/1.444	
	⑤/⑥	0.720/0.615	1.000/0.805	
終減速比		3.909		
ステアリング型式		インテグラル式パワーステアリング付		
サスペンション型式（前／後）		車軸式空気ばね		
主ブレーキ		空気式		
補助ブレーキ		流体式リターダ	排気ブレーキ，ジェイクブレーキ，流体式リターダ（OP）	
タイヤサイズ		295/80R22.5		
燃料タンク容量	（ℓ）	420		

スカニア／バンホール アストロメガ TDX24

スカニア／バンホール アストロメガ TDX24（西日本ジェイアールバス）

アストロメガはベルギー・バンホール製の２階建てバスである。日本向けのバンホールは1980年代に２階建てバスやスーパーハイデッカーなどが輸入されたが，1997年をもって途絶えていた。しかし生産中止された国産２階建てバスの後継車として外国製の２階建てバスが注目される中で，2016年に再び輸入が始まった。

新たに上陸したバンホールは全長12m・全幅2.5m・全高3.8m，右ハンドル，非常口扉付，軸重10トン未満など日本の道路運送車両法保安基準を満たしている。開発に際しては過去にバンホールを採用するとともに，初号車を発注した，はとバスのニーズと使用経験が反映されている。またエンジンは日本市場でトラックや連節バスの実績があるスウェーデンのスカニア製が選ばれた。

観光車の仕様例は２階席48，１階席４＋車椅子利用者２＋乗務員２の乗車定員56人。１階へのトイレ設置も可能である。また後輪上部には２階建てバスとしては大きい荷物室を備えているのも特徴である。エンジンは排気量12.7ℓ・ユーロⅥ適合のスカニアDC13型で300kW（410PS）を発生，12速AMTでリターダを内蔵するスカニアオ

Scania/Van Hool Astromega TDX24: Double decker coach of Van Hool that was introduced to the market in 2016 by Scania Japan. Even though the right hand drive model with the overall length of 12m, width of 2.5m, and height of 3.8m had been developed to meet the demand of Hato Bus, the operator of city tours which had been seeking a successor to the domestic double decker coach that was discontinued in 2010, the model will be made available to bus operators around the nation. Scania's engine and powertrain were chosen as they have a proven record with trucks in Japan. The model is powered by DC13 engine with the output of 302kW coupled with 12-speed Opticruise.

プティクルーズを組み合わせる。衝突被害軽減ブレーキAEB，車線逸脱警報LDWなどを装備。空調機器はドイツ・エバスペヒャー製で，日本の環境に応じた冷却能力を備えている。販売・メンテナンスはスカニアジャパンが行う。現在までの販売実績は，2016～2017年７台，2018年５台，2019年13台。2019年は特に都市間高速路線への採用が目立った。

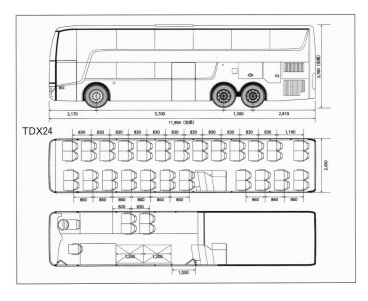

TDX24

■諸元表

車　　名		アストロメガ
型　　式		TDX24
床 形 状		ダブルデッカー
乗車定員	（人）	56（架装例）
全　　長	（mm）	11,990
全　　幅	（mm）	2,490
全　　高	（mm）	3,780
ホイールベース	（mm）	7,000（5,700＋1,300）
室内寸法（長）	（mm）	1 階：4,000，2 階：11,090
〃 （幅）	（mm）	2,340
〃 （高）	（mm）	1 階：1,675，2 階：1,614
車両重量	（kg）	16,050
車両総重量	（kg）	19,130
最小回転半径	（m）	10.9
エンジン仕様		直6・TI付
エンジン型式		DC13
総排気量	（cc）	12,742
最高出力	（kW/rpm）	302（410PS）/1,900
最大トルク	（N・m/rpm）	2,150/1,000～1,300
変速機		12速AMT
サスペンション型式		空気式（電子制御）
主ブレーキ		空気式・ディスク
補助ブレーキ		排気ブレーキ，流体式リターダ
タイヤサイズ		295/80R 22.5
燃料タンク容量	（ℓ）	490

BYD電気バス　C9

C9は中国の電気自動車および電池メーカーのBYDが製造する大型観光バスで，日本国内では沖縄県の伊江島観光バスが環境保護などを目的に，BYDジャパンを通じて2019年秋に2台を導入した。国内初の観光仕様の電気バスである。

全長12m，全幅2.5m，全高3.52mのフルサイズハイデッカーで，定員50人。駆動用モーターはBYDのシティバス（42ページ）と同じくスペース効率に優れたインホイール式を採用するが，出力は360kW（180kW×2），最大トルクは3,000N・mとシティバスに対して大幅に引き上げられており，最高速度は100km/hである。駆動用バッテリーはBYD製リン酸鉄リチウムイオンが総容量292kWhで，1充電あたりの航続距離は最大250km。出力40kW×2の充電器により3～3.5時間で満充電となる。フロントアクスルはZF製，ブレーキは前後とも電子制御ブレーキ（EBS）で構造はディスクである。

なおBYDの電気バスは自社製のリン酸鉄リチウムイオンバッテリーを搭載するが，これは安全性の高さ，コスト面，整備性の高さ，製造時の環境負荷などを踏まえたものである。

BYD C9:Sightseeing electric bus that was introduced to the domestic market for the first time in 2019. 2 units were obtained in Iejima of Okinawa Prefecture to protect the environment. The model is a high decker coach with the overall length of 12m and overall height of 3.52m. Output of the motor is 180kWx2, total capacity of the battery is 292kWh, top speed is 100km/h. and can be operated for approximately 250km per charge. Passenger capacity is 50.

BYD　C9（伊江島観光バス，HG）　↓定員50人の車内（同）

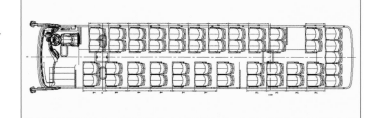

■諸元表

車　名		BYD　C9
乗車定員	（人）	50
全　長	(mm)	12,000
全　幅	(mm)	2,500
全　高	(mm)	3,520
ホイールベース	(mm)	6,100
フロントオーバーハング	(mm)	2,500
リヤオーバーハング	(mm)	3,400
車両重量	(kg)	13,950
車両総重量	(kg)	16,700
電動機仕様		交流同期　180kW×2
最大トルク	(N・m)	1,500×2
バッテリー種類		リン酸リチウムイオン
バッテリー容量	(kWh)	292
最高速度	(km/h)	100
1充電当たり航続距離	(km)	250
サスペンション		空気ばね
主ブレーキ		空気式　ディスク
補助ブレーキ		回生
タイヤサイズ		295/80R22.5

1 Googleとの連動で、路面やカーブなどの状況を ストリートビューで見ることができます。

「見積モジュール」登場!

貸切バス運行管理システム〈発車オーライ〉に、 新たに「見積モジュール」の登場です。

法令改正で煩雑になった見積作成、 その業務負担を軽減すると同時に、 データベース化によるデータの有効活用で、 事業者様に一石二鳥のメリットを提供いたします。

従来の〈発車オーライ〉との連携で活用いたしますが、 「見積モジュール」単体での販売も可能です。 まずはお問合せください。

● リアルタイムで新料金制度に対応した 上限下限運賃が計算できます。

● 作成したデータは、見積書、 運送引受書はもちろん、 行程表や運行指示書にも受け継がれます。

2 多忙な朝の出勤点呼を、 システム化でシンプルに徹底しましょう。

電子点呼・ 点呼モニタシステム

● 大型モニターで出退勤の状況が一目瞭然です。

● アルコール測定器との連動も可能です。

● 免許証リーダーがあれば、免許証不携帯も 有効期限もチェック可能です。

● 静脈認証などで、本人確認も行えます。もちろん、 他システムとの連動も可能です。

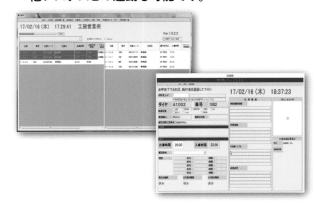

3 大事な乗務員台帳、 部門ごとにバラバラになっていませんか?

乗務員台帳システム

● 一括管理なので、台帳の更新がスムーズです。

● 乗務員の登録日、免許証画面の登録・修正、 事故履歴、指導履歴なども登録できます。

● アルコール検知器と連動して、 データ蓄積ができます。

「ニッポンのバス」の進化とともに。

工房 株式会社 工房
www.khobho.co.jp

本　　社　tel. 048-227-0555
〒332-0012　埼玉県川口市本町3-2-22　工房ビルディング

札幌支店　tel. 011-747-4000
〒001-0021　札幌市北区北23条西5-2-39　N23ビル 6階

関西支店　tel. 078-241-7888
〒651-0087　神戸市中央区御幸通6-1-20　GEETEX ASCENT BLDG 5階

オリジナルバスメーカー

株式会社 シンクトゥギャザー

シンクトゥギャザーは，2007年に創業した電気自動車の開発・製造を行う事業者で，群馬県桐生市に本社を置いている。同社の製品は数多くの小径タイヤに窓ガラスのない四角いボデーが特徴の小型電気バス「eCOMモビリティ」（以下eCOM）が主力である。eCOMは，20km/h未満で走行する「グリーンスローモビリティ」として2011年に開発され，現在全国で約30台が稼働している。桐生市の市内周遊をはじめ，富山の宇奈月温泉，群馬の谷川連峰の一ノ倉沢，東京・池袋などで周遊・送迎バスとして営業運行するほか，群馬大学の自動運転試験車両としても使用されている。

eCOMの駆動方式は各輪をそれぞれモーターで駆動するもので，バッテリーはリチウムポリマー電池を床下に搭載する。座席配置は左右対面するベンチシートが標準である。現在8輪で乗車定員10人の「eCOM-8^2」と，10輪で同16人の「eCOM-10」の2車型が設定されている。なお同社が製造するeCOMは，受注生産で型式指定車両ではないため，カスタマーの要望に応じた仕様で製作できる。

●㈱シンクトゥギャザー　☎(0277)55-6830
https://www.ttcom.jp

10輪のeCOM-10をベースにした群馬大学の自動運転試験車両．車内は向い合わせのベンチシートになっており，定員は16人．リヤにオプションの車椅子乗降用リフトを備える

写真は2019バステクフォーラムから

2020バステクフォーラム　5月15日開催!

大阪・舞洲でバスの最新技術を体験しよう!

体験型バスイベント「2020バステクフォーラム」は5月15日（金），大阪・舞洲スポーツアイランド〈空の広場〉で開催されます。年鑑バスラマやバスラマ通常号で紹介されている最新のバス，バス機器・用品・システムが勢揃い！初夏の一日，お誘い合わせのうえ，2020バステクフォーラムにご来場ください。開催概要・出展内容は4月25日発行のバスラマNo.179，およびぽると出版ウェブサイトでご案内いたします。また当日の運転体験試乗のご予約は4月中旬以降にぽると出版ウェブサイトで募集いたします。

株式会社ぽると出版　http://www.portepub.co.jp/

オリジナルバス&バス改造メーカー

日野オリジナルバス

　日野自動車は大型・中型・小型の各種バスや，トラックシャーシーをベースにしたオリジナルデザインのバスを用意している。これらは企画の段階から日野自動車が対応し，ユーザーの要望やイメージを汲んだ上で設計・開発を行う。ボデー製作は東京特殊車体，東急テクノシステムなどが担当している。これまでケーブルカータイプ，ボンネットタイプ，SLをイメージしたバス，ステップアップルーフを持つバスなど，様々なバスを手がけている。また近年は貸切バスのハイグレード化・個性化に応じて，事業者オリジナルの内外装デザインや装備品を備えた車両を，日野セレガをベースに提案している。

　写真は2019年にデビューしたオリジナルデザインバスから，鹿児島市の「サクラジマアイランドビュー」。桜島観光の新しいシンボルとして7月より運行を開始した，日野ブルーリボンベースの周遊観光バスである。車体後部をハイルーフ化し，雄大な風景を満喫できる様に大開口パノラマウインドーを設定，さらに桜島のシルエットを象ったダイナミックな外装デザインとした。内装は後部シートを5°外向きに配置するなど，車内から桜島を見渡せるように工夫を凝らすとともに，マグマ柄のシートや火山をイメージした照明演出などで"ワクワク感"のあるデザインとした。

鹿児島市観光交流局が導入した「サクラジマアイランドビュー」の新型車．大型路線車をベースに桜島をイメージしたダイナミックなデザインを盛り込んだ．ベース車は日野KV290N2，架装は東京特殊車体

中京車体工業 株式会社

　中京車体工業は名古屋市緑区に本社を置くメーカーで，創業から74年という長い歴史を誇る。現在では日野リエッセⅡ／トヨタコースターなどの二次架装・改造，トラックシャーシーのバス型特種車（検診車等）のボデー架装などで高い評価を得ている。このうち小型バスの二次架装・改造については部品装着，車椅子用リフトや補助ステップの装着，ボデー延長を含む各種改造など，顧客のあらゆるニーズに対応し，年間300台以上を手がけている。

　また小型バスの二次架装による独自の製品としてハイグレードシートを装備した「スプリント観光」のほか，2018年12月には「マルチユースマイクロバス」を新発売した。「マルチユースマイクロバス」は日野リエッセⅡ／トヨタコースターをベースに，ニーズに応じてレイアウトが変更できる「ハンディシート」を備えている。ハンディシートは床面のレールに沿って脱着・スライドが可能で，

シートピッチを広くとりたい，あるいは荷室部を広く使いたいといった様々なニーズに対応できる。またこうしたシートの自由度の高さを備えながらも，フロアに対するシートの架装強度は日本よりも厳しい欧州規格の試験基準に適合している。マルチユースマイクロバスのバリエーションはハンディシート17席を含む最大定員20人仕様，ハンディシート14席を含む最大定員17人仕様，さらに後部リフト付仕様などもある。

●中京車体工業㈱ ☎(052)624-0088
www.syatai.jp

左は日野リエッセⅡをベースにしたマルチユースマイクロバス（左）と，三菱ふそうローザスーパーロングをベースにしたスプリント観光（右）．上はマルチユースマイクロバスの車内

バス改造メーカー

株式会社 エムビーエムサービス

　エムビーエムサービス（MBMS）は富山市に本社を置く，自動車部品メーカー・ビューテックのグループ企業である。1976年，当時の呉羽自動車工業のバス完成車の陸送業務を端緒に創業，車検整備やバス部品加工などの業務を経て，2010年からは三菱ふそうバス製造（MFBM）の隣接地で，三菱ふそう車を主体とするバスの二次架装・改造を行っている。特に二次架装車が国内販売総数の80%を占めるとされる小型バス・ローザについては，これらの約8割を担当しており，路線仕様やハイグレード観光車なども数多く製作している。このほか大型観光・高速車への大型化粧室の設置，

2階建てバスのオープントップ改造などの実績も多い。2016年には大型2台・小型7台が同時に施工できる架装工場を新築，より高い品質と短納期化を実現した。

　独自の製品として，小型バスの車内後方を荷室として有効活用できる「マイクロバス後部荷物室架装」などがある。
●㈱エムビーエムサービス　☎(076)466-4030
http://mbms.info/

エムビーエムサービスの代表的な製品から，三菱ふそうローザの路線仕様。小規模需要路線の使用環境に即した使い勝手や安全性が盛り込まれている。外観はミヤコーバスの2018年モデル，車内は濃飛乗合自動車の4WD車

東急テクノシステム 株式会社

　東急テクノシステムは1940年に東急系の電車・バスの修理を端緒に創業した企業である。バスは現在，神奈川県川崎市の自動車工事部で，新造車の二次架装，使用過程車の改造・車体更新・修理など幅広い業務を行っている。ベース車の機能はそのままにオリジナリティに富んだ製品を生み出しており，立山黒部貫光の「E〜SORA立山パノラマバス」，富士急山梨バスの「GRAND BLEU RESORT」，三越伊勢丹旅行の「プレミアムクルーザー」などのハイグレード観光バスや，三重交通の路面電車型「神都バス」，2階建てオープントップバス，運転訓練車などを数多く手がけている。特に近年は運転訓練車の製作例が多く，これまでに一般路線車ベースで13台，高速車ベースで3台を製作した。

　これと併せて，一般路線バスおよび高速路線バスの「運転シミュレータ」も開発しており，実物の運転席を使用，走行環境をリアルに再現するとともに実現は困難な事故の再現など，効果的な教習が実施できるようにしている。
●東急テクノシステム㈱ 営業戦略部　☎(044)733-4211
https://www.tokyu-techno.co.jp

東急テクノシステムが近年製作した運転訓練車から。上は関東バスが採用した一般路線用の訓練車で，2010年式日産ディーゼルAPワンステップがベースである（写真：関東バス）。下はジェイアールバス東北が採用した高速路線用の運転訓練車。日野セレガハイデッカの新車をベースにしている

バス改造メーカー

株式会社 フラットフィールド

　フラットフィールドは1995年に低公害車の開発を目的として創業した改造メーカーである。創業よりCNG改造を中心に事業を行い，各自動車メーカーのトラック・バスに対応，これまでに商用車・乗用車を含めると1,000台以上の改造実績がある。

　こうした改造・開発・試験経験を生かし，新たなるエネルギーの実用化に挑戦し，大学などと協力して水素燃料バスや水素ハイブリッドトラック，燃料電池塵芥車，燃料電池船，燃料電池システムなどの開発・製作も行ってきた。

　2008年から開発・製造を開始した電気バスやハイブリッドバスは，営業用も含め40台以上の製造実績がある。近年はレンジエクステンダー電気バスやパンタグラフによる超急速充電に対応した大型電気バスの製造も開始した。さらに，水素や電気エネルギーの実用経験を生かした燃料電池車の開発や自動運転バスの開発も行っている。

　同社の製作するバスは，豊富な改造経験，高い技術力による信頼性，多様なシステムへの幅広い仕様対応力などが特徴である。

●㈱フラットフィールド　☎(046)220-5001
https://www.flatfield.co.jp

改造バスの例：関西電力が導入した，日野ブルーリボンをベースにした大型電気バス．国内で初めてパンタグラフによる超急速充電方式を採用した．2019年4月15日から扇沢—黒部ダム間で運行開始した

株式会社 アネブル

　アネブル（本社：愛知県刈谷市）はエンジンの性能試験，試作車の製造，自動車部品の製造販売などを手がけている。2017年10月に西湘テクニカルセンター，2019年9月に神戸テクニカルセンターを開所して試験事業の拡大を図っている。同社の行田事業所ではCNG車改造事業を実施している。2015年8月にはCNGタンク取換事業を開始し，容器メーカーとのタイアップにより，スムーズかつリーズナブルに15年間で充填可能期限が切れるCNGタンクの交換を行っている。同社の改造CNG車には，ディーゼルエンジンベースのCNG専用車と，ガソリンエンジンベースのCNGバイフューエル車があるが，いずれも燃料供給装置に高速演算ECUを備えた電子制御インジェクション方式を採用し，高出力・低燃費・低排出ガス性能を得ている。さらにエンジン過渡性能（レスポンス）に優れたMPI（マルチポイントインジェクション）も一部車種に採用し，低中速域でのドライバビリティを向上させている。CNG改造専用工場では，前身の協同時代からの実績や経験を活かして，設計開発，製造，メンテナンスを一貫して行える体制を整えている。保証は部位により異なるが，3年／6万km〜15年／30万km。販売は同社またはベース車の販売会社が行う。

●㈱アネブル　行田事業所　☎(048)557-2386
https://www.enable-os.co.jp/

改造バスの例：日野ポンチョをベースにしたCNGバス．埼玉県桶川市の市内循環「べにばなGO」で，協同観光バスにより運行されている

株式会社 東京アールアンドデー／株式会社 ピューズ

　東京アールアンドデー（R&D）は，1984年からEV（電気自動車）の開発を手がけ，スクーター，レーシングカー，バス，トラックなど様々な車種のEVの開発・製造を行ってきた。2000年には，最初の電気バスをデリバリーし，その後も多くの電気バスを開発，2014年には東日本旅客鉄道の気仙沼BRT向けの中型電気バスを納入している。

　2018年には，燃料電池トラックも開発・実証し，今後は燃料電池バスの開発も視野に入れている。

　また東京R&Dは，1999年にEVシステムの開発・製造・量産販売を行うグループ会社・ピューズを立ち上げた。これに伴い東京R&Dを研究開発機関と位置付け，ピューズが，モーター，バッテリー，制御システムなどEVの主要コンポーネントなどを製造供給する体制を整えた。近年では，ピューズが海外向け電気バスの開発も請け負っており，2017年にマレーシア向けに電気バス13台を受注し納入した実績があるほか，国内でも量産EVのコンポーネントを流用した安価な電気バスの開発を手がけ，電気バス普及に向け新たなチャレンジも行っている。

　なお2016年7月より施行された電池の安全認証UN-ECE-R100.02において，日本で初めて電池パックの認証を国土交通省より受けている。

●㈱東京アールアンドデー　☎(046)227-1101　https://www.tr-d.co.jp/
●㈱ピューズ　☎(046)226-5501　https://www.pues.co.jp/

改造バスの例：マレーシアに納入された電気バス．スカニアのシャーシーにゲミランのボデーを架装したベース車を輸入し，イズミ車体で施工した．UN-ECE-R100.02の認証を受けた電池パックを搭載する

働く車にダンロップ。

TRUCK&BUS TYRE

海外バスカタログ　2019→2020

電気バスの普及が加速している。欧州では独立系コーチビルダーや新興・専業メーカーが中心となって牽引してきたバッテリー式電気バス市場は，この1年で"ディーゼルエンジンメーカー"も完成車の対応を整え，一層の量産が進みそうだ。併せて次なる選択肢として燃料電池の実証運行も増えており，その背景には地球温暖化にブレーキを掛けたい世界各国の思惑がある。深刻な大気汚染への対策から国主導でバッテリー式電気バスが普及してきた中国でも，水素燃料電池バスへの挑戦が進む。このような動きを背景に，量産燃料電池自動車のパイオニアであるトヨタの燃料電池システムを搭載したバスが，中国とヨーロッパに登場した。さらにCO_2削減には後ろ向きと思われがちなアメリカでも，カリフォルニアなど環境に敏感な州や主要都市の路線バスや，需要規模の大きなスクールバスで，電気バスが着実に増えつつある。

2019年10月に開催されたバスワールドでは，新型電気バスやEV車型の追加が目立った。現実的には航続距離やインフラ整備，導入コストなどを理由にディーゼル車やCNG・LNGなど天然ガス車が引き続き需要の中心だが，メーカー各社は電気バスを主役に位置付ける。そのため最新車両は設計段階から，電気駆動系を想定したアルミ構造や炭素繊維複合素材などによるボデー軽量化が進む。また大容量化に伴い重量増が課題となるバッテリーを，ルーフ部だけでなく車体各部に分散配置し，重心を含む車両のトータルバランスへの配慮を複数のメーカーが訴求点とするようになった。

今回のバスカタログでは，欧州で展開されるシティバス8モデル，アメリカのシティバス1モデル，観光車2モデルを取り上げる。掲載した中で電気駆動系が設定されないのは，今や観光車1モデルのみである。

Electric buses are growing rapidly around the world. Engine manufacturers have prepared and started mass production of electric buses which had been led by coachbuilders and specialised manufacturers in Europe. Furthermore, fuel cell buses are gaining attention in Europe as well as China where battery electric buses spread due to the national policy. Buses utilizing Toyota's FC system have been introduced in China and Europe. Number of battery electric buses is definitely increasing in the USA as well. At the Busworld 2019, many new electric buses were introduced. Engine powered buses account for the majority of the market, but electric buses are set to become the major players of the next generation. Introduced in the world bus catalog section are 9 city buses and 2 coaches. Of these models, one of the coach models is the lone model that does not offer electric powertrain.

2019年，ポーランドのソラリスから新型が登場した連節電気バス・ウルビノ18エレクトリック．最大553kWものバッテリーを搭載可能で1充電あたりの航続距離は200km超．120人の乗車定員と併せてディーゼル車に匹敵する使い勝手を実現している．デジタルミラーの採用も最新トレンド

メルセデス・ベンツ eシターロ

メルセデス・ベンツのシターロは初代が1997年にデビューしたシティバスで，2011年に新型ボデーの第2世代に進化した。車型はフルフラット・ノンステップの全長12m車を基本に，全長10.5mのK，3軸15mのL，連節：18mのGおよび20mのGL（キャパシティ）を設定する。ローエントリーは全長12mの市街地向けLEおよび郊外・都市間向けLE Ü，全長13mの都市間向けLE MÜとなる。主力は引き続きディーゼル車で，排気量7.7ℓのOM936型と水平シリンダー配置のOM936h型を単車に，OM936h型とOM470型10.7ℓを連節車に設定，小排気量車ではモーター（出力14kW）とスーパーキャパシタによるハイブリッド仕様も選択できる。このほかM936G型ガスエンジン（出力222kW）の低公害車シターロNGTもラインアップする。

メルセデス・ベンツは2018年にEVのeシターロを発表し，2019年春から欧州各地で採用が加速している。eシターロは専用フロントマスクを持つ12m単車と18m連節車が設定され，駆動系にはZF製AVE130型インホイールモーターアクスルを採用する。駆動バ

eシターロの車内

ッテリーは1モジュールあたり約25kWhで，車内4，ルーフ部2モジュール（総容量約150kWh）が標準となり，1充電あたり航続距離は約150km（夏期）とされる。なお搭載モジュール数は増減可能で，導入時に運行環境や想定稼働距離などを事業者と打ち合わせた上で，最適なモジュール数を提案する。eシターロのルーフ部には，前方から充電制御ユニット，バッテリーモジュール（最大6モジュール），ヒートポンプ式エアコン，バッテリークーラーとインバーターが並ぶ。また客室後部左側にはエンジンに代えてバッテリーを積み重ねて搭載しており，主力の左ハンドル車では3扉仕様に対応する。充電はコンボ2方式による緩速充電を標準としており，パンタグラフ式急速充電はオプション対応となる。

eシターロG 連節バス

メーカー		メルセデス・ベンツ	
モデル		eシターロ	eシターロG
扉数		3	4
定員例（座席数）	（人）	93(29)	145(41)
全長	(mm)	12,135	18,125
全幅	(mm)	2,550	2,550
全高	(mm)	3,400	3,400
ホイールベース	(mm)	5,900	5,900+5,900
オーバーハング	(mm)	2,805	2,805
〃	(mm)	3,430	3,430
ステップ地上高	(mm)	320	320
許容総重量	(kg)	20,000	20,000
室内高	(mm)	2,313	2,313
最小回転半径	(m)	10.6	11.5
モーター		ZF AVE130	
仕様		インホイール	
定格／最高出力	(kW)	60/125×2	
最大トルク	(N·m)	485×2	
駆動バッテリー		三元系Li-ion	三元系Li-ion
バッテリーパック数		8	10
バッテリー容量	(kWh)	194	243
懸架方式	（前）	ZF 82 RL EC独立懸架	
〃	（中）	-	ZF AV133車軸懸架
〃	（後）	ZF AVE130 車軸懸架（駆動軸）	
タイヤサイズ		275/70R22.5	275/70R22.5
航続距離	(km)	170	190
（バッテリー最大搭載時総容量）		（292kWh）	（441kWh）

スカニア シティワイド

スカニア シティワイドBEV

　スカニア・シティワイドは2011年に登場したシティバスで，2019年10月に第2世代へと進化した。ノンステップ車は全長10.9mおよび12m単車と18m連節車が，郊外向けローエントリー車は全長11〜13mの2軸車と13.7／14.9mの3軸車がラインアップされる。第2世代のボデーは客席側窓が上方向に拡大するとともに，ホイールベース間の腰板部に窓を追加するオプションが設けられ，間接照明の採用やルーフおよびサイドパネルの明るいカラーリングと併せて，開放感ある車内を実現する。実際に室内高が拡大したほか通路幅も拡張し，乗客流動性が向上したことで運行時の停留所停車時間の短縮も見込める。前軸には独立懸架を採用し，乗り心地が向上した。エンジンはスカニアDC09型（排気量9ℓ）とDC07型（同7ℓ）を継続するが，新型では小排気量機種がノンステップ車の主力となる見込みで，ディーゼルのほかに低公害仕様としてHVO（水素化植物油），エタノール，天然ガスにも対応する。また変速機をはじめ各部の改良により，先代と比べ燃費性能が向上した。

　第2世代には，新たにシティワイドBEV（バッテリー式EV）が登場した。バッテリーやパワートレーンなど主要コンポーネントはすべてスカニアが設計しており，メーカー完成車として最適化されたバリエーションとなる。まず登場したのは市街地・近郊路線での

稼働を想定した12mノンステップ車で，モーター1基（出力295kW）で駆動する。特徴としてモーターにはオイル噴射式冷却機構を採用し，丘陵地での連続走行や温暖地での稼働でも，モーター過熱によるトルク制限などの制約をなくした。バッテリーはルーフと車体後部に各々4モジュール搭載されており，分散配置による重量配分最適化により最大乗客定員95人を実現したほか，低重心化により運転性能も向上した。

　シティワイドBEVの充電は車庫での夜間充電が標準だが，パンタグラフによる運行途中での急速充電にも対応する。1充電あたり航続距離は80〜150kmで，欧州の一般的な市街地路線用途の大半をカバーできる。なお経路上での充電を前提にした場合，バッテリーモジュールを減らしてディーゼル車やCNG車と同等の乗客定員を確保することもできる。

➡シティワイドBEVの車内．新型では車体最後部左側に駆動系を片寄せした．⬇スイスのRVBWが導入したシティワイドBEVプロトタイプ車

モデル		スカニア　シティワイド	
		12（ディーゼル）	BEV（電気）
扉　　数		3	3
定員　例	（人）	約100	95
全　　長	(mm)	12,100	
全　　幅	(mm)	2,550	
全　　高	(mm)	3,300	
エンジン／モーター型式		スカニアDC07	永久磁石式
仕　　様		直6・TI付	セントラルドライブ
総排気量	（ℓ）	6.7	
最高出力	(kW/rpm)	206/2,100	295/2,100
最大トルク	(N・m/rpm)	1,100/1,600	n.a.
駆動バッテリー		-	Li-ion
バッテリー容量	(kWh)	-	250
変速機		ZF6速AT	2速
航続距離	(km)	-	80〜150

ユーリエGX337エレク・リニウム

　ユーリエバスはイベコバスの傘下にあるフランスのコーチビルダーで，馬車の製造から乗用車の組み立てに参入した歴史を持つ。バス部門は1980年に分離されてルノーとの結びつきを強め，後にルノーとイベコのバス部門が統合されたイリビュス傘下を経て現在に至る。そのため現行車種はいずれもイベコ製シャーシーに架装している。かつては観光ボデーも手がけていたが，現在はシティバスに特化して架装している。

　GX337：12m単車およびGX437：18m連節車は2014年に登場した主力シティバスで，シャーシーはイベコ・アーバンウェイである。駆動系はFPT製ディーゼルおよびCNG，ハイブリッドのほかに，ベースシャーシーに設定のな

いバッテリー電気バスを2016年から独自モデルとして展開する。電気駆動系はいずれもイギリスのBAEシステムズ製モーター（単車120kW／連節車160kW）１基とZFの駆動アクスルを組み合わせたセントラルドライブ方式を採用する。標準のバッテリーおよび充電方式は単車と連節車で異なり，単車は大容量の三元系リチウムイオンバッテリー（NMC，標準350kWh）を搭載して車庫での夜間充電を，連節車は小容量ながら高い急速充電性能を持つチタン酸リチウムイオンバッテリー（LTO，標準102kWh）を採用し，経路上での急速充電を前提とする。なお単車へのLTOバッテリー搭載や，連節車では両タイプのバッテリー搭載により最大250kWhまで容量を増やすことも可能である。

　GX337/437とも標準タイプのノンステップボデーのほかに，BRT仕様"リニウム"が設定された。リニウムは専用フロントマスクや全輪タイヤカバーなどの特徴付けが行われている。なお標準タイプやアーバンウェイと同じく前中扉間の腰板の一部に窓を設けている。

←GX437連節車の車内．↓標準タイプのユーリエGX337．ホイールベース間の腰板には窓が設けられており，車内の開放感を高める

メーカー		ユーリエ	
モ デ ル		GX337 ELEC	GX437 ELEC
扉　　数		3	4
定員例(座席数)	(人)	83(24)	130
全　　長	(mm)	12,060	17,970
全　　幅	(mm)	2,550	2,550
全　　高	(mm)	3,350	3,350
ホイールベース	(mm)	6,120	5,355+6,675
オーバーハング	(mm)	2,715	2,715
〃	(mm)	3,225	3,225
ステップ地上高	(mm)	320	320
許容総重量	(kg)	20,000	30,000
最小回転半径	(m)	10.9	11.7
モーター		非同期電動機(BAEシステムズ)	
仕　　様		セントラルドライブ	
定格／最高出力	(kW)	120/190	160/200
定格／最大トルク	(N·m)	1,000/2,100	2,100/2,405
駆動バッテリー		三元系Li-ion	LTO Li-ion
バッテリー容量	(kWh)	350	102*
懸架方式	(前)	独立懸架	独立懸架
〃	(後)	ZF AV133車軸懸架	ZF AV133車軸懸架
タイヤサイズ		275/70R22.5	275/70R22.5

＊GX437 ELECは急速充電仕様が標準のため小容量バッテリーとなる

シティバス　　ソラリス・ウルビノ　　　　　ポーランド

ソラリス ウルビノ12エレクトリック

　ソラリスはポーランドを代表するコーチビルダーで，1994年にネオプラン・ポルスカとして創業し1999年にソラリスとなった。同社はネオプラン出身のオルシェフスキ夫妻が率いる同族企業として発展してきたが，2018年9月にスペインの鉄道車両メーカーCAFと投資ファンドに全株式を売却し，新たな経営陣を迎えた。

　ウルビノは1999年に初代が登場したシティバスで，2014年に第2世代に進化した。同シリーズは数字がおおよその車体長を示しており，単車：アルピノ8.6m，ウルビノ10.5/12，連節：ウルビノ18となる。車型はノンステップを基本に，ローエントリーのLEと都市間路線向け12／12.8m高床車のインターウルビノが設定される。駆動系はカミンズISB6.7型またはパッカーMX11型エンジンとフォイト製ATの組み合わせが標準である。ハイブリッドバスは，ノンステップ車に設定されるシリーズ式と，12LEのパラレル式の2タイプをラインアップする。

　ソラリスは2013年に純電気仕様のウルビノ・エレクトリックを発表した。現行モデルは第4世代にあたり，8.9LE，12

／18mノンステップの3モデルを展開する。駆動系は12m車がインホイールモーターのZF AVE130，8.9LEと連節車はモーター1基のセントラルドライブ方式が標準で，8.9LEを除き異なる方式にもオプション対応する。駆動用バッテリーは事業者の想定ルートや運用方法などに応じて，総容量60〜240kWhの範囲（単車）で個別設定する。充電はプラグイン方式が標準で，パンタグラフはオプション設定となる。

　このほか2019年6月，ウルビノ12エレクトリックをベースに，新たな低公害車となる燃料電池仕様が登場した。このモデルは出力70kWの燃料電池とリチウムイオンバッテリー，約1,500ℓの水素シリンダーを搭載し，1充填あたり航続距離は350kmに及ぶ。なお駆動系はZF AVE130のみ対応しており，セントラルドライブのオプション設定はされない。

←ウルビノ12の車内．3扉仕様の場合は後扉部までフルフラット通路が伸びており，車内最後部に座席が設けられない．↓ウルビノのボデーとトロリー式電気駆動系を組み合わせた全長24mの3車体連節バス・トロリーノ24．路面電車風のフロントマスクを持つBRT向けメトロスタイルも設定される

モ デ ル	ソラリス ウルビノエレクトリック	
	12m単車	18m連節車
扉　　数	3	4
定員例（座席数）　（人）	76(37)	120(42)
全　　長　　(mm)	12,000	18,000
全　　幅　　(mm)	2,550	2,550
全　　高　　(mm)	3,300	3,300
ホイールベース　(mm)	5,900	5,900+6,000
オーバーハング　(mm)	2,700	2,700
〃　　　　　(mm)	3,400	3,400
ステップ地上高　(mm)	320	320
許容総重量　　(kg)	19,000	28,000
モーター	ZF AVE130	非同期電動機
仕　　様	インホイール	セントラルドライブ
出　　力　　(kW)	110×2	240
トルク　　(N·m)	11,000×2	－
駆動バッテリー	三元系Li-ion	三元系Li-ion
バッテリー容量　(kWh)	個別仕様	個別仕様
懸架方式　　（前）	ZF独立懸架	ZF独立懸架
〃　　（中・後）	ZF車軸懸架	ZF車軸懸架
タイヤサイズ	275/70R22.5	275/70R22.5

69

プロテラ キャタリストE2

シティバス　**プロテラ キャタリスト**　アメリカ

　プロテラは2004年にアメリカ・コロラド州で創業した電気バスメーカーで，現在は本拠地をカリフォルニア州バーリンゲームに置く。2008年に最初の電気バス・エコライドを発表，カリフォルニア州を皮切りにテキサスやフロリダ，サウスカロライナなど販路を開拓していった。同社は現在サウスカロライナ州とカリフォルニア州の2工場で電気バスを生産している。プロテラは電気バスをメーカー完成車として展開するほか提携コーチビルダー向けに駆動システムを供給しており，ほかに充電システムも手掛けている。

　キャタリストはエコライドの後継として2013年に発表された電気バスで，急速充電に対応したモデルとして登場した。当初はLTO電池を搭載するキャタリストFC（ファストチャージ＝急速充電型）がラインアップされたが，その後はバッテリーを大容量の三元系リチウムイオンに変更し，車庫などでの緩速充電を前提に1充電で1日の運行をカバーするタイプが展開されている。現在は大容量バッテリーを搭載するキャタリストXR（エクステンディッドレンジ＝航続距離延長型），バッテリーをさらに大型化して航続距離をより延長したキャタリストE2（エフィシエントエコノミー＝経済効率型）の2タイプを設定する。

　キャタリストはカーボン系複合素材を多用したモジュラー構造の軽量ボデーが特徴で，全長35フィート（約11m級）および40フィート（約12m級）の2タイプを設定する。駆動系は"プロドライブ"シングルモーター式（出力250kW）または"デュオパワー"インホイールモーター式（出力190kW×2）の2タイプから選択でき，2段自動変速機と組み合わされる。バッテリーパックはホイールベース間床下に配置しており，これにより車両をリフトアップするだけでモジュールにアクセスでき，パック交換や増設などが容易な構造とした。バッテリー搭載量および航続距離は，XRが総容量220kWで約150〜190km，E2は総容量440kWで約240〜370kmとなる。さらにE2の40フィート車には総容量660kWとしたE2マックスが設定され，約340〜530kmもの長距離走行を可能としている。

　なおプロテラの電気駆動系は，ダイムラーグループで北米スクールバス大手のトーマスビルトや，バンホールの北米向け観光車などに供給されている。

キャタリストE2のリヤスタイル．欧州系バスとは一線を画したデザインと設計思想を持つ

モデル		プロテラ キャタリスト	
		35XR	40E2 MAX
扉　数		3	2
定員例（座席数）	（人）	60(28)	77(40)
全　長	(mm)	11,252	12,950
全　幅	(mm)	2,590	2,590
全　高	(mm)	3,251	3,251
ホイールベース	(mm)	6,172	7,518
車両重量	(kg)	12,047	15,036
許容総重量	(kg)	19,051	19,799
最小回転半径	(m)	11.0	12.8
モーター		プロドライブ	デュアルパワー
仕　様		セントラルドライブ	インホイール
出　力	(kW)	250	190×2
駆動バッテリー		三元系Li-ion	三元系Li-ion
バッテリー容量	(kWh)	220	660
変速機		2速	2速
懸架方式	（前）	独立懸架	独立懸架
〃	（後）	車軸懸架	車軸懸架
タイヤサイズ		315/80R22.5	315/80R22.5
航続距離	(km)	183	528

シティバス　アナドルいすゞ ノヴォシティ・ヴォルト　トルコ

トルコのアナドルいすゞは，2018年に発表した中型ディーゼル車ノヴォシティ・ライフに，電気バスのノヴォシティ・ヴォルトを追加した。駆動用バッテリーはルーフ部に搭載，駆動系はシングルモーター式を採用して出力240kW／トルク2,300N・mの電気モーターをエンジンルーム部に設置する。このため全長8m弱のボデーながらディーゼル車と同等のノンステップフロアの確保と電動化を両立した。またバッテリー数と定員のカスタマイズが容易な構造となっており，総容量200kWhのバッテリーを搭載した場合，1充電あたりの航続距離は最大270kmとされる。充電は夜間の車庫での緩速充電（8時間）のほか急速充電にも対応しており，600V急速充電装置を使用した場合は2時間で満充電となる。また10分間の急速充電で50kmの走行が可能で，実運行で緩速充電を基本に1日あたり1回10分の追加急速充電を行うサイクルで稼働する場合，バッテリーライフに影響は与えないという。なおバッテリーの保証寿命は，5年間または走行25万kmで初期容量の70%とされる。またノヴォシティ・ヴォルトはルーフ部に3枚の太陽電池パネルを備えている。この太陽電池で発電する電力は補機などで使う24Vバッテリーの充電に活用し，駆動用バッテリーへの負担を減らして航続距離の維持に貢献する。

アナドルいすゞ
ノヴォシティ・ヴォルト

さらにヴォルトはフリート運行管理システムを搭載しており，車両速度やバッテリー充電レベル，消費電力量，アクセル／ブレーキペダルの踏み方など各種データを収集・分析することで，車両や稼働効率を改善するソリューションを提供する。このシステムではドライバーの運転を採点することも可能で，運行データと併せて運転レポートも提供可能である。事業者では車両とドライバーのデータを活用し，運行コスト低減にもつなげられる。

シティバス　カルサン アタック エレクトリック　トルコ

トルコのカルサンはドイツのBMWと提携して電動化を進めており，2018年11月に小型バス・ジェストの電気バス仕様を発表した。そして2019年6月には，ミュンヘンのBMWドライビングアカデミーを舞台に，全長8m級のアタックの電気バスが発表された。アタック・エレクトリックはシングルモーター式で，最高出力230kWのモーターをエンジンルーム部に搭載する。駆動用バッテリーにはBMWの電気乗用車i3用の電池パックを採用しており，44kWh×5パックの計220kWhを搭載する。バッテリー満充電の所要時間は緩速充電で5時間，急速充電ユニットを使った場合は3時間となり，1充電あたり航続距離は8m級電気バスとしてはクラストップの300kmとされる。ボデーは前後パネルが手直しされており，優れた空力特性の実現に加えてLEDランプの装備により特徴的な外観となった。シャーシー周りは電子制御エアサスを装備し，乗用車並みの乗り心地を実現する。

カルサン アタック・エレクトリック

メーカー		カルサン
モデル		アタック・エレクトリック
扉　数		2
定員例(座席数)	(人)	52
全　長	(mm)	8,315
全　幅	(mm)	2,430
全　高	(mm)	3,090
ホイールベース	(mm)	4,580
ステップ地上高	(mm)	340
許容総重量	(kg)	11,000
最小回転半径	(m)	7.3
室内高	(mm)	2,370
モーター型式		TM4 SUMO MD
モーター仕様		永久磁石式
定格／最高出力	(kW)	115/230
定格／最大トルク	(N・m)	1,140/2,400
駆動バッテリー		三元系Li-ion
容量	(kWh)	220
懸架方式	(前)	独立懸架
〃	(後)	車軸懸架
タイヤサイズ	(前)	245/70R17.5
〃	(後)	225/75R17.5
航続距離	(km)	300

一足先に販売が始まったジェスト・エレクトリックは40台を超える車両がEU9ヵ国に輸出されている。このモデルはより大きな電気バスの呼び水となり，アタック・エレクトリックの注文第1号はジェスト・エレクトリックの性能に満足したパリの事業者からとなった。

全長8.3m×全幅2.43mの中型ノンステップバスで中扉以降を段上げする

EBUSCO 2.2

EBUSCOではこの長い航続距離を強みとしており，車庫で夜間緩速充電を行うと1日の運行に必要なエネルギーを蓄積できる。運行途中での急速充電が不要となるためインフラ投資も抑制できるとともに，急速充電はバッテリーへの負荷が大きく，繰り返すと航続距離や寿命に影響が出るがそれらの影響も抑制できる。なお緩速充電の所要時間は単車：3～4.5時間程度，連節車：4～6時間程度とされる。

2019年10月に発表された次世代モデル3.0は，ボデー構造の見直しと複合素材の採用など大幅な改良を行い，頑丈さや耐久性，安全性を犠牲にすることなく車両重量をおよそ1/3低減，1充電あたり500kmの航続距離を実現する。2.2で概ねディーゼル車と比肩するレベルを実現した保有総コストは，3.0ではより低廉なものとなるという。

オランダの電気バスメーカーEBUSCOは2012年に初の電気バスとして1.0を発表した。その後はバッテリーの大型化や高電圧化，モーターの高出力化など各部の改良を重ねており，車両は2.1そして2.2と進化を続けている。現行モデルの2.2はアルミニウム構造の軽量ボデーに，単車：シングルモーター，連節車：インホイールモーターアクスル（ZF AVE130）と最大容量423kWのリン酸鉄リチウムイオン電池を組み合わせており，1充電あたり航続距離は450kmに達する。

メーカー		EBUSCO
モデル		2.2
扉　数		3
定員例（座席数）	（人）	90(38)
全　長	(mm)	12,000
全　幅	(mm)	2,550
全　高	(mm)	3,375
ホイールベース	(mm)	5,850
オーバーハング	前(mm)	2,750
	後(mm)	3,400
車両重量	(kg)	12,850
許容総重量	(kg)	19,000
モーター型式		非同期電動機
仕　様		シングルモーター
最高出力	(kW)	270
最大トルク	(N·m)	18,000
駆動バッテリー		リン酸鉄Li-ion
容量	(kWh)	475
タイヤサイズ		275/70R22.5
航続距離	(km)	450

カエターノはポルトガルを本拠とする独立系コーチビルダーで，欧州各国にバスを供給している。同社は欧州向けトヨタコースターの組み立てや，コースターをベースにオリジナルボデーを架装するなど，日本との縁も深い。シティゴールドは同社のシティバスモデルで，ディーゼル車は主にMANとボルボ製シャーシーに架装している。ボデーはモジュラー構造によりローエントリーとローフロアが設定され，右ハンドル車も標準で対応する。

カエターノは2010年頃から電気バス開発を本格化し，2013年に世界初の電気ランプバスe.コーバスを発表。2016年に電気シティバスのe.シティゴールドを発表し，2017年10月から量産を開始した。そして2019年10月にトヨタの燃料電池システムを採用した燃料電池バスとして，H2.シティゴールドが登場した。また同社では完成車の

ほかに，全長9.5～12.7mの電気バスシャーシーも生産する。

e.シティゴールドは全長10.7／12mの電気バスで，頑丈なスチール製シャーシーと軽量アルミニウムボデーに，シーメンス製モーターを組み合わせる。駆動用バッテリーはルーフ部に配置し，三元系リチウムイオン（最大385kWh）と夜間緩速充電方式が標準となる。オプションのパンタグラフ式急速充電を選択した場合，バッテリーはLTOリチウムイオン（最大100kWh）となる。H2.シティゴールドはシリーズ共通のボデーにトヨタ製燃料電池とシーメンス製モーター，駆動用LTOバッテリー（容量29～44kWh）を組み合わせる。なお燃料容器は容量312ℓ×5本をルーフに搭載しており，水素の満充填に要する時間は9分程度とされる。

カエターノ e.シティゴールド

メーカー		カエターノ	
モデル		e.シティゴールド	H2.シティゴールド
扉　数		3	3
定員例	（人）	88	87
全　長	(mm)	11,995	11,995
全　幅	(mm)	2,500	2,500
全　高	(mm)	3,320	3,458
ホイールベース	(mm)	5,845	5,845
許容総重量	(kg)	19,000	n.a.
モーター型式		三相同期電動機	三相同期電動機
仕　様		シングルモーター	シングルモーター
最高出力	(kW/rpm)	160/1,500	180
最大トルク	(N·m)	2,500	n.a.
水素燃料電池		－	トヨタFCスタック
定格出力	(kW)	－	60
水素容量	(kg)	－	37.5, 350 Bar
駆動バッテリー		三元系Li-ion	LTO Li-ion
容量	(kWh)	385	44
タイヤサイズ		275/70R22.5	275/70R22.5
航続距離	(km)	300	400

観光バス	バンホールCX		ベルギー／アメリカ

現在は北マケドニアで生産されるバンホールCX

CXの車内. ガラスハンマーではなく側窓の大半がレバー操作で外側に脱落する脱出機構を持つ

北米の観光車市場では欧州系コーチビルダーの存在感も大きいが, その一角を占めるのがベルギーのバンホールである。車両は欧州から完成車輸出しているが, 同社は北米事業の強化とバイ・アメリカン条項への対応を掲げて, 2020年からテネシー州モリスタウンで現地生産を開始する予定である。

北米では欧州向けAシリーズがベースの路線車や, 同じく欧州モデルベースのフラッグシップ観光車TXシリーズに加えて, 2000年から北米専用モデルCシリーズを展開する。CXの現行世代は2013年に登場し, 灯火類がよりアメリカ人好みのデザインになるとともに安全性が向上した。CXはTXよりも廉価ながら, バンホールならではのデザインと品質・信頼性, 汎用性が特徴である。車体はステンレスシャーシーにステンレスボデーパネルおよびアルミルーフパネルを組み合わせており, 全長35／45フィートの2タイプを設定する。駆動系にはアメリカのカミンズやデトロイトディーゼル製エンジンとアリソン製ATを組み合わせており, デーナ製アクスルやグッドイヤー製タイヤを採用するなど, アメリカのコンポーネントを多用している。また2分割のフロントウィンドーや大型衝撃吸収バンパー, 脱落式客席窓などアメリカ特有のニーズや法規に対応する。

そしてバンホールは2019年10月に, 電気バス仕様のCX45Eを発表した。CX45Eはプロテラの電気駆動系を採用し, 総容量648kWhのバッテリーにより1充電あたり約300kmの航続距離を持つ。なお一般貸切用途ではなく, 送迎や巡回バスなど固定ルートでの稼働を想定する。バンホールは北米ではABCバスカンパニーズを総代理店としており, 電気バスの導入に際しては, ABCが走行距離など顧客の個別ニーズに対応し, きめ細やかなフォローを行う。

メーカー		バンホール	
モデル		CX35	CX45
扉　数		1	1
定員例	（人）	38-40	56-60
全　長	（mm）	10,668	13,716
全　幅	（mm）	2,590	2,590
全　高	（mm）	3,505	3,505
ホイールベース	（mm）	5,690	7,734
オーバーハング　前	（mm）	1,890	1,890
〃　　　　　後	（mm）	3,099	3,035
許容総重量	（kg）	19,006	24,494
最小回転半径	（m）	10.5	13.4
エンジン		カミンズL9	DD13
仕　様		直6・TI付	直6・TI付
総排気量	（ℓ）	8.9	12.8
最高出力	（kW/rpm）	261/1,900	336/1,625
最大トルク	（N・m/rpm）	1,561/1,400	2,237/975
変速機		アリソンB500 6速AT	
懸架方式	（前）	独立懸架	
〃	（後）	デーナ・スパイサー車軸懸架	
タイヤサイズ		315/80R22.5	
燃料タンク容量	（ℓ）	662	813
尿素水タンク容量	（ℓ）	72	72

プロテラの電気駆動系を搭載したCX45E

観光バス **ボルボ9700/9900** スウェーデン

ボルボ9900

ボルボバスのシティバスは脱ディーゼル化を進めており，欧州向けラインアップはハイブリッドまたはEV化が完了したが，観光車は引き続きディーゼル車が主役である。同社はコーチビルダー向けに各種観光バスシャーシを供給する一方で，メーカー完成車をヨーロッパおよびアメリカで展開する。

9700/9900シリーズは2001年に初代が登場した観光車で，2018年に第2世代へと進化した。9700は全高3.65mのハイデッカー主力観光車で，全長12／13／14mの車型に加え，2019年に新たに15m車が設定された。15m車は最大乗客定員65人を実現しつつ，豪華旅行車ならではのゆったりとした室内空間を併せ持つ。9900は全高3.85mのフラッグシップスーパーハイデッカーである。9900はボルボが吸収したコーチビルダー・ドレクメーラーに源流を持つ客席シアターシートアレンジメントを特徴としており，車体長は12／13／14mの3タイプである。

9700/9900シリーズの駆動系は，排気量11ℓのボルボD11K型ユーロⅥエンジン（出力380/430/460hp）とAMTのボルボI-シフトが標準で，460hp仕様はバイオディーゼル燃料も使用可能である。ステアリング機構には新たにボルボ・ダイナミック・ステアリングが

ボルボ9900の車内．後方に向かって客室フロアがせり上がっていくシアターシートアレンジメントを持つ

選択可能となった。これは走行時にステアリングを能動的にアシストすることで，ドライバーの運転疲労を軽減する。また安全性をより高めるための新たな機構として，"セーフティゾーン"とのリンクが可能となった。このシステムは，たとえば学校や病院の近くや中心市街地など交通弱者が多いエリアでの最高速度を，管理者がコンピュータであらかじめ制限できる安全装備で，ボルボバスならではの取り組みである。

ボルボ9700

メーカー		ボルボ	
モ　デ　ル		9700	9900
扉　　　数		2	2
定員例	（人）	61	52
全　　　長	（mm）	14,955	13,990
全　　　幅	（mm）	2,550	2,550
全　　　高	（mm）	3,650	3,850
ホイールベース	（mm）	7,090	6,860
オーバーハング	前（mm）	2,895	2,895
〃	後（mm）	3,570	2,840
許容総重量	（kg）	26,500	26,500
最小回転半径	（m）	12.0	12.0
荷室容積	（㎥）	13.3	13.1
エンジン		D11K 380	D11K 460
仕　　　様		直6	直6
総排気量	（ℓ）	10.8	10.8
最高出力	（kW）	280	339
最大トルク	（N·m/rpm）	1,800/950-1,400	2,200/1,000-1,400
変速機		ボルボI-シフト12速AMT	
懸架方式	（前）	ボルボ独立懸架	
〃	（後）	ボルボ車軸懸架	
タイヤサイズ		295/80R22.5	315/80R22.5
燃料タンク容量	（ℓ）	480	480
尿素水タンク容量	（ℓ）	64	64

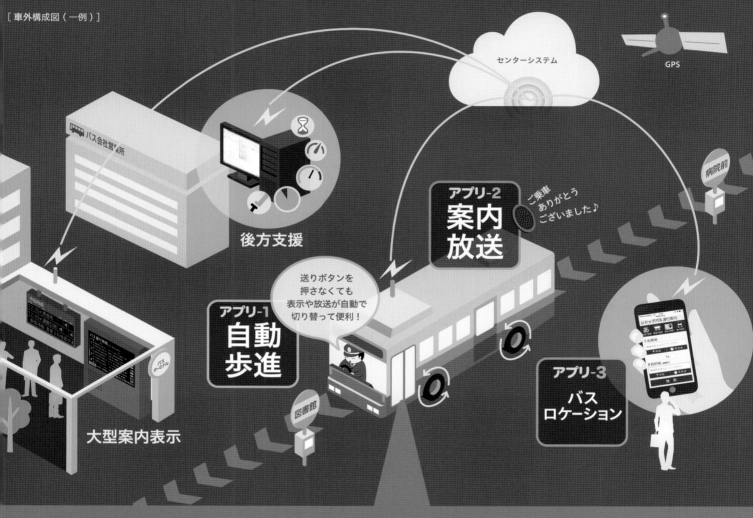
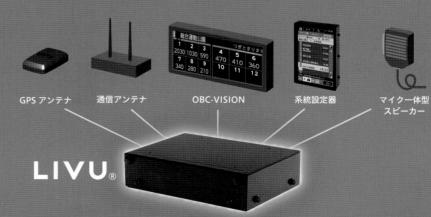
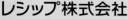

歴史編　日本の電気バスの歴史から学べること

和田由貴夫

　最近の本誌の海外情報でもお気づきのとおり，世界のシティバスを巡る"旬の話題"は電気バスの普及である。背景には地球温暖化防止に向けたムーブメントがあり，次のステップに自動運転・自律走行が控えているのだが，日本のバス業界は，それらの潮流とは趣を異にしているようだ。中国では2017年には１万7,000台のシティバスをすべて電気バスにした都市があり，電気バスの生産台数が５万台を超えたメーカーがあることも報じられているが，日本では電気バスの保有台数は100台に及ばず，国産電気バス完成車の調達さえ難しい。電気バスを巡る世界の潮流と日本の大きな差はどうして生まれたのだろうか。遅れを取ってしまったのか，そうだとすればどこに原因があるのだろうか。しかし日本にも電気バスの長い歴史がある。ここでは日本の電気バスの歴史を振り返り，今日の状況を考察する一助にしたい。

日本の電気バスには90年の歴史が…

　一世紀を超えて走り続けてきた日本のバスも，欧米先進国と同様

上：1937年に大阪市が採用した最初の電気バス（梅本 恂画）．SKSがベースだがボデーは大阪市交通局の設計と推定する．1937年には商工省が電気自動車の開発に奨励金を支給した．
下：太平洋戦争中の1943年に増備された中島製SKSの稼働中の記録（大阪市交通局蔵，ともに「大阪市営バスの本」ぼると出版刊，1997年）

　The most trending topic for city buses around the world is the spread of electric buses. In the background is the movement to stop global warming, with governments and government agencies, bus operators, and bus manufacturers cooperating to cultivate future views. The spread of electric city buses had bee led by China, and choices have increased with not only city buses but sightseeing buses and small-size electric buses also being offered. Total number of electric buses in Japan has not reached 50 unit, and it is difficult to obtain a completed domestic electric bus. Could it be that the Japanese electric buses are becoming left behind of the worldwide wave? Japan has a history of manufacturing electric buses spanning 90 years. We would like to reflect on the history of electric buses in Japan.

表1 国産電気バス主要諸元　終戦直後に製造されていた電気バスは4車種あった

製作会社		中島製作所	神戸製鋼所	三菱電機	ユニバーサル電機
車　名		SKS	神鋼号	ふそう	ユニバーサル
全　長	(mm)	6,000	6,000	7,000	6,250
全　幅	(mm)	2,150	2,180	2,200	2,400
全　高	(mm)	2,600	2,710	2,650	2,850
軸　距	(mm)	3,500	3,500	4,100	4,000
車両重量	(kg)	4,400	4,250	4,630	5,170
乗車定員	(人)	35	35	44	45
最高速度	(km／h)	47	36	42	45
電動機出力	(Hp)	15	15	20	18
電　圧	(V)	75	75	150	75
電　流	(A)	171	180	115	205
回転数	(rpm)	1,900	2,400	1,800	1,600
重　量	(kg)	350	240	240	200
蓄電池		鉛	鉛	鉛	鉛
型　式		VEKP-14	VQCM-14	VACM-7	VGDM-26
重　量	(kg)	1,150	1,150	1,200	1,300
電　圧	(V)	80	80	100	80
容　量	(An／5h)	252	252	126	300

湯浅電池と中島製作所，東邦電力の共同開発による国産初の電気バスYKN型　1930年8月に完成し名古屋市電気局に実用供試された（科学グラフ第25号　1949年10月より転載）

にガソリンエンジンの時代を経て，より熱効率が高く経済的なディーゼルエンジンが普及し，現在の主流になっている。この間，一貫していることが，日本はエネルギー資源が乏しい国という事実である。石油産出量が極めて限られた日本では，非石油系燃料を確保する必要性は常に問われていた。新潟周辺や千葉県の一部で産出する天然ガスを燃料とするバスが実用化された時期もあり，ディーゼルバスが主流になって以降もガソリンエンジンを搭載したバスにとっては一定規模の市場が形成されていた。しかし1964年の新潟地震を契機に需要は縮小し，以降は全国的にディーゼルバスに一本化された。一方の電気バスの実用化は1930年に始まっている。

電気自動車は，既に自動車の黎明期にあたる明治時代に輸入され走り出していた。この時期の電気自動車は，蒸気エンジンと同様に自動車用動力源の選択肢の一つだったが，電気が欠かせぬ社会インフラになり，自動車用では蓄電池の技術向上を促進した。今も京都では1917（大正6）年の電気自動車・デトロイトが保存されている。日本で初めて鉛蓄電池を製造した湯浅電池（現・ジーエス・ユアサコーポレーション）がアメリカから輸入した車両である。同社は徐々に実績を上げ，1930年にはYKN型電気バスシャーシーが誕生した。これに続き湯浅電池は，1924年から電気自動車・電気三輪車の製造を始めていた中島製作所，電力供給事業者である東邦電力と共同で電気バスを完成した。この試作車は1年間にわたり名古屋市電気局（現・名古屋市交通局）で実用運行に供されたが，運行成績は期待を裏切らなかったのであろう増備され，ガソリン規制が始まって木炭や薪を燃焼する代用燃料車（以下代燃車）が普及する1942年には51台が在籍していた。この時点で大阪市交通局でも1937年に初導入された電気バスが53台まで台数を増やしていた。

しかし車両重量に占める鉛蓄電池の重量は大きく，一充電当たりの走行距離が短いことも運用上の大きな制約であった。また量産されるガソリンバスに比較した電気バスの生産能力も普及には大きな壁であった。

電気バスと代用燃料バス　戦争下の普及促進

国産最初の電気バスが誕生した1930年＝昭和5年当時は，既に石油資源の確保が重要な国策に位置づけられていたが，戦争に急傾斜する世相の中，非石油系燃料の確保はバス業界にとって次第に大きな課題としてクローズアップする。軍事優先の風潮下，輸送の重要性でバスはトラックより優先順位が低く，燃料確保はバス事業者の死活問題になるからである。そこで俎上に乗ったのが天然ガスと電

気である。同時に，軽油を燃料にするディーゼルエンジンを自動車用に搭載する研究も始められた。

ガソリンエンジンの延長線上にある天然ガスは特定地域で「地産地消」の形で普及する一方，構造が比較的簡単な電気バスも，非石油系燃料確保の一環で研究が進められた。しかし1937年の日華事変を契機に始まった日中戦争以降，1938年からはガソリン消費統制が数次にわたって強化される。その結果，バスは代燃車への転換を余儀なくされる。

薪や炭の不完全燃焼で発生させた一酸化炭素と水素ガスを燃料にする代燃車の研究は，近い将来のガソリンの入手困難を見越して陸軍はじめ様々なメーカーが着手していたが，ひとたびガソリンの配給制が始まると，当時主流のガソリンバスはレトロフィットが可能な代用燃料車に改造せざるを得ない状況になった。その結果，ガソ

表2　営業用電気バス総数（1949.8.1）運輸省がまとめたもので営業車は318台（合計は323台と記載），ほかに官公署用などの自家用車が35台あった

事　業　者	台　数	路線長 km	車　種
西日本鉄道	23	47.2	中島
佐世保市交通局	6	2.3	中島
熊本市交通局	2	3.4	中島
大分バス	5	11	中島
宮崎交通	10	9	中島
徳島市交通局	10	49.7	中島
新居浜市交通局	10	19.8	中島
琴平参宮	4	6	三菱
呉市交通局	13	9.3	中島
山陽電軌	5	3.6	中島
両備バス	4	4.5	神鋼
一畑電鉄	2		三菱
伊丹市交通局	4	6	三菱
近畿日本鉄道	7	7	神鋼
大阪市交通局	29	43	中島
京都市交通局	14	19.8	中島
尼崎市交通局	8	10	中島
姫路市交通局	4	5.1	中島
神姫合同自動車	5	3.7	中島
名古屋市交通局	36	14	中島
浜松市交通局	2	6.9	三菱
東京急行電鉄	5	3	三菱
東京都交通局	29	7.4	神鋼・中島
武蔵野乗合	12	6	中島
横浜市交通局	20	16.9	中島
川崎鶴見臨港	11	8.1	中島
葉山観光バス	5	11.2	ユニバーサル
北陸鉄道	5	4.5	中島
青森市交通局	7	4.5	中島
旭川市街軌道	5	5	三菱
札幌市交通局	10	5.4	三菱
函館市交通局	6	9.3	三菱

表3　徳島市交通局の電気バス使用成績　運輸省への調査報告と思われるが月間約3,000kmを走行し，一充電当たり50km前後を走行している．搭載電池は充電済みのものを車庫で積み替えていた　　　　　　単位：km

	台数	延走行距離	1車平均走行距離	一充電平均走行距離
1948年 6 月	6	14,100.50	2,351.60	49.6
1948年 7 月	8	17,308.80	2,150.40	64.4
1948年 8 月	9	19,691.00	2,176.80	65.6
1948年 9 月	10	17,796.30	1,779.70	68.9
1948年10月	10	21,478.40	2,147.90	66.2
1948年11月	10	26,155.40	2,615.50	61.5
1948年12月	10	29,421.40	2,942.20	53.6
1949年 1 月	10	32,368.10	3,236.80	49.6
1949年 2 月	10	28,785.50	2,868.40	48.2
1949年 3 月	10	30,745.10	3,173.50	51.3
1949年 4 月	10	34,955.30	3,495.50	48.3

表4　主要事業者の電気バス使用成績（1948年10月〜1949年 1 月）　1 日 1 車走行距離は相当に長く，一充電当たりの走行距離は電池の新旧で相違があるとされる．電力消費率は平均1.2kWh／km．小型車両なりの実用性能が示されている

	台数	路線長	1日1車走行距離km	一充電当たり走行距離km*	電力消費率kWh／km	充電器容量kW
西日本鉄道	23	47.2	71.3	35.7	1.01	200
徳島市交通部	10	49.3	100	65	0.85	85
大阪市交通局	29	4.3	80	34.3	1.2	350
京都市交通局	14	19.8	99	44	0.83	100
名古屋市交通局	36	14	123	29.8	1.3	171
東京都交通局	29	7.4	73.4	30.2	1.05	300
東京急行電鉄	5	3	86	35.6	0.92	75
川崎鶴見臨港バス	11	8.1	122	30.9	1.49	60
横浜市交通局	20	16.9	98.1	44.9	1.05	200
旭川市街軌道	5	5	130	25	0.98	50

＊1948年10月〜12月平均

リンバスは急速に姿を消していく．東京市営バス（1943年以降は東京都営）の記録によれば，1937年に1,032台の保有車両中 4 台（0.3％）に過ぎなかった代燃車（木炭）はわずか 3 年後の1940年には改造により945台（92％，木炭，薪）まで急増する．しかしガソリン車に比較した性能低下は著しく，始業前の準備にも相当の労力を要するなど，車両運用上には大きな足かせがあった．

　一方の電気バスは車両全長 6 m級，車両重量は 4 トン程度に 1 トンを超える電池を搭載し，定員は35人前後だった．このサイズや収容力は，当時のガソリンバスの標準的なサイズとほぼ同等であることに留意しておきたい．ガソリン車に比較して性能も大幅に低下し，運行準備には多くの時間を要する代燃車に比べれば，電池重量がかさみ充電に時間がかかるとしても，始動の手間を要しない電気バスの使い勝手は悪くはなかったものと想像する．それでも既存車両の改造で対応できた代燃車に比較して，新車購入でしか入手できない電気バスの導入には高いハードルがあった．

燃料事情の悪化で脚光を浴びた国産電気バス

　太平洋戦争終戦前後には代燃車の燃料さえ入手が困難な状況から，当初は名古屋，大阪，京都などの主要都市に限られていた電気バスが地方都市でも活躍を始めた．1949年 8 月末には全国で32事業者，323台，ほかに自家用・官公署には35台の保有が記録されている．背景には燃料事情もあるが，現在とは比較にならない台数である．

　電気バスの車種は1930年代後半までは中島製作所（電池は湯浅）のSKSが事実上唯一の選択肢だったが，1940年には神戸製鋼所が三重県の鳥羽製作所で製造した神鋼号（EB型），1947年には三菱電機がMB46型を製作，さらにニッサンのシャーシーを利用したユニバーサルという車両も登場している．

　1948年 6 月には東京都交通局が鉄道技術研究所，運輸省などと共同で都内の道路で電気バス 3 台の性能試験を実施した．またこれに先立つ1948年 3 月には自動車技術会が電気バス 3 台を含む電気自動車13台による高崎市郊外の公道試験を実施し，10月には箱根を含む道路で 2 回目の試験が行われた．このように燃料事情がひっ迫した環境下で電気自動車の研究も進むかに見えたが，1948年に国産ディーゼルバスが販売され，平和な時代の到来とともにバスの輸送需要は増大し，車両の大型化がニーズになる．大型化は車両重量の増加を意味し，エンジンの高出力化や大型化するボデーの剛性などの課題を生み出すが，電気バスの大型化は電池重量のさらなる増加を必要とし，実用は困難だった．しかも1950年に朝鮮戦争が勃発すると鉛価格が高騰し，車両価格でも競争力を失った．大型化の波に乗れなかった電気バスが台数を増やすことはなかった．

表5　川崎鶴見臨港バス各種バス経費比較（1949年 1 月〜 4 月平均）　同社が保有する代燃車（木炭と薪），電気車，ガソリン車と登場したばかりのディーゼル車の運行にかかわるコストを比較した貴重な資料だ．太平洋戦争前の車両，戦時中の車両の導入状況もわかる．なおガソリン車はガソリン税適用前の数字で，導入されるとキロ当たり21円を超えるという．新車とはいえディーゼル車の経済性が際立っている

種　別		木炭車	薪車	電気車	ガソリン車	ディーゼル車
車　名 （丸数字は台数）		フォード① トヨタ① ニッサン⑤	トヨタ⑩ ニッサン④ いすゞ②	中島⑪	トヨタ⑤ ニッサン③	いすゞ③
年　式		1937×1　　1942×1 1939×1　　1943×1 1940×2　　1944×1	1939×2　　1946×5 1941×3　　1947×3 1943×3	1940×3　　1948×2 1943×3 1947×3	1939×1　　1948×1 1944×2　　1949×1 1946×3	1948×3
台　数		7	16	11	8	3
可動車両		5.4	12.5	8.5	6.34	2.9
出庫車数		3.8	9.6	7.7	5	2.7
1 日 1 車走行距離	km	47.7	52.9	83.4	52.7	70
燃料費	円／km	10.45	6.95		5.94	3.46
潤滑油費	円／km	0.46	0.61	0.15	0.73	0.37
電池費	円／km			7.76		
電池修理費	円／km			1.28		
電力費	円／km			1.13		
人件費	円／km	0.89	1.75	1.93	0.15	0.18
その他	円／km	0.12	0.62	0.64	0.05	0.08
動力費計	円／km	11.92	9.92	12.29	6.87	4.21
車台維持費	円／km	0.55	1.25	0.5	0.6	0.41
車体維持費	円／km	4.54	6.32	3	2.14	2.44
部品費	円／km	3.27	4.36	0.43	2.05	3.04
タイヤチューブ費	円／km	1.99	1.99	2.25	1.93	2.15
人件費	円／km	2.19	3.23	1.19	1.47	0.72
その他	円／km	0.99	0.99	0.99	0.99	0.99
維持費計	円／km	13.53	18.14	8.36	9.23	9.75
合　計	円／km	25.45	28.07	20.65	16.1	13.96

代燃車は戦時体制下で急速に普及したが，性能の低下，始動の手間，薪や木炭の確保など，事業者は大変な苦労を重ねた．写真はその記憶を今に伝えるために神奈川中央交通が1980年に創立60周年記念事業として復元した薪バス「三太号」．県内の小中学校を巡回展示した．撮影は1981年

As Japan lacks fossil fuel and due to its necessity for alternate energy, the first domestic electric bus was introduced in 1930. After a year long practical test, the vehicles started to be used at major cities. The gasoline powered buses which had mainly been used at the time were converted to alternate energy buses utilizing firewood and coal (photo on the right shows the restored bus) when the Sino-Japan War started in 1937. Electric automobiles also spread, but electrical supply was limited. Alternate energy vehicles were also used after the war, and more than 300 units of electric buses were in operation. Number of passengers increased significantly, and demand grew for larger buses and diesel engines. The price of lead became higher due to the Korean War, and electric buses disappeared, leading to the golden age of diesel busesTo combat air pollution in the 1970's, the government started a project to develop large-size electric buses, with several units of large-

ディーゼルバスが本命に

　1950年代を迎えると，国産バスは経済性と耐久性に優れたディーゼルバスを本命として大型化が進み，好調な需要に支えられて進歩を続ける．またディーゼルエンジンの性能向上は国内バス事業者の使用実績に加えて，バスの完成車輸出によっても促進された．当時は外貨獲得の期待も大きく，日本製のバスは世界各地に輸出され，輸出先では欧米の車両と市場を競い，国際的な評価にさらされた．その影響もあって，1955年には4サイクルで最高出力が150馬力を超え，さらに高速道路構想が明らかになる1957年には200馬力が目標となり，1963年に開発された名神高速道路の走行を前提にした都市間バスには，当時バス用では世界最高出力ともいわれた320馬力のエンジンが搭載された．しかしこの頃から日本のバスは海外市場に販路を求めなくなり，現在は完成車輸出など"想定外"になっている．今日まで日本製バスの完成車輸出が継続していれば，グローバルに見たバスの技術上の潮流は，国産バスの進化にも多くの影響を与えていたはずである．

大気汚染で生まれた電気バスへの期待感

　ディーゼルバスの高性能化が進み，信頼性が向上する1960年代に電気バスが顧みられることはなかったものの，1970年代になると社会環境が変化する．高度経済成長のネガティブな側面として大気汚染が問題視され，モータリゼーションの進捗とともに，自動車排出ガスに注目が集まった．特に関心が高かったのは都市における窒素酸化物の低減であり，その後の自動車技術の大きな要素になる排出ガスの浄化や燃焼の研究が進む．欧米でも自動車排出ガスへの対応は進むが，都市における大気汚染よりもむしろ地球環境の保全＝温暖化防止を意識した二酸化炭素の削減に，より力点を置いていたところに差異はある．いずれにしても我が国で期待が寄せられたものが電気バスである．背景には通産省工業技術院の「電気バス大型プロジェクト」が1971年度から5年間で電気自動車の開発を推進する方針を立ち上げたことがあった．

　これを受けて，公営バスでは1972年に大阪市，1973年に名古屋市と神戸市，既にトロリーバス改造の電気バスを使用していた京都市では1979年に，それぞれ鉛電池を搭載した大型バスを営業路線に投

size electric buses being developed at major cities. But, the demand for city buses was for lower floors and air conditioning, so there were no merits in electric buses which had batteries under the floor. In 1972, series type electric hybrid bus with electricity assisting the diesel engine in its high emission range was experimentally obtained. Parallel type electric hybrid bus, Hino HIMR, was introduced in 1989. Battery was changed from lead battery to new generation battery in 2005. The system is still being used to this day. Interest seem to have shifted to fuel cell buses, but it will take time for the bus industry to embrace the expensive vehicle price and construct the infrastructure. With the cooperation of the government, China has bypassed the lead battery stage and has become a leading country of battery buses, absorbing know how. Completed Chinese electric buses are being imported to Japan. It is interesting to see whether fuel cell buses or electric buses can take the initiative.

1970年代になると大気汚染対策から政府の肝いりで大型電気バスの開発が進められた．写真は京都市交通局の例．車両は三菱ふそうME460．電池交換は省力化が図られたが施設にもコストがかかった

表6　大型電気バス主要諸元　1970年代には大気汚染対策の一環で，通産省が立ち上げたプロジェクトで大型電気バスが開発された．しかし鉛電池の性能は大きく改良されないまま，車両の大型化に加え，冷房化や低床化のニーズが生まれており，大気汚染対策の救世主にはなり得なかった

車　　種		いすゞ自動車	いすゞ自動車	日野自動車	三菱自動車
運行事業者		東京都交通局	大阪市交通局	名古屋市交通局	神戸市交通局
レイアウト		ディーゼル電気ハイブリッド	リヤモーターバス	リヤモーターバス	リヤモーターバス
型　　式		EHCK480	EU05	BT900	ME460
運行開始		1972.11～	1972.2～	1973	1973.8～
車両全長	(mm)	10,160	9,250	9,945	9,380
車両重量	(kg)	9,920	9,895	10,833	10,350
乗車定員	(人)	80	70	80	70
車両総重量	(kg)	14,320	13,745	15,235	14,200
蓄電池形式		鉛蓄電池	鉛蓄電池	鉛蓄電池	鉛蓄電池
数および接続方法			6V×64個直列	6V×64個直列	6V×64個直列
定格電圧	(V)	420	360	360	360
容　　量	(Ah)	135（5h）	350（5h）	350（5h）	
原動機最高出力	(kW)	158	126	140	72（1時間定格）
一充電走行距離	(km)		150	170	170
一充電走行距離	(km)		82（都市パターン）	70（都市パターン）	
発　電　機	(kVA)	27			
発電用エンジン		3.3ℓ　39PS			

入した。これらの電気バスは電池交換設備を車庫に設置し，一定距離を走行した後は充電済みの電池と交換して，再び営業運行に復帰する方法がとられた。

また東京都交通局は1972年に小型ディーゼルエンジン（排気量3.3ℓ）で発電し，モーターで走行するシリーズ方式のハイブリッド式電気バスを開発，営業路線に投入した。

しかし戦前のバスのサイズならともかくも，大型化したバスに鉛電池を搭載して駆動するのは性能的に見劣りするのは明らかで，いずれも運行コスト面からバス事業者の支持は得られなかった。さらに1980年代になるとシティバスにも冷房装備が求められるようになり，低床化への期待も予測されていたから，床下に大型の電池を搭載するシティバスは，レイアウト上も将来的にはあり得ない選択というのがバス業界の一致した見方であった。主流であるバスがハード面の逆風を受けるたびに期待感が寄せられる電気バスは，この時期も異端児扱いに終わってしまった。

ハイブリッドバスの登場と普及

ここまで国内に登場した電気バスは，いずれも鉛電池で駆動するもので，電気バスの評価は電池性能で決まった。電池性能の向上を促すほどの市場規模もなかった。そうした中，上記の東京都交通局のハイブリッド式電気バスは，鉛電池に加えて発電用のエンジンを搭載し，使い勝手の良さを目指した。東京都交通局によれば，窒素酸化物67%減の目標に対して，最大45%の結果が得られた。だが定

回転で作動する発電用エンジンの騒音が高く，電池費や燃料費などの動力費がディーゼルバスに比較して割高という評価で，1978年に11万kmを走行して廃車になった。しかしディーゼルエンジンの排出ガスが悪化する領域を電気でサポートする考え方は，1989年に発表されるパラレル式ハイブリッドバス・日野HIMR（ハイエムアール）に結実する。

日野HIMRはディーゼルエンジンのフライホイールを薄型の発電機に置き換えて，インバーター制御によりスターター，モーター，発電，制動エネルギー回生を行うというもの。開発中の試験車両ではあったが，大臣認定により登録番号を取得し1991年12月から全国6都市で6台が運行を始めた。この車両は12V鉛電池25個を直列にしてキャスター付のケースに収めて床下に格納し，メンテナンス時の効率化を図っていた。この日野HIMRが現在の日野ブルーリボンハイブリッド／いすゞエルガハイブリッドのルーツである（詳細はバスラマエクスプレスNo.14参照）。

また公営を中心としたバス事業者は「自動車が大気汚染の元凶」と指摘される中で，様々な"低公害バス"に挑戦している。ここでいう低公害バスには，ハイブリッドと天然ガスが掲げられ，使用過程車ではLPG燃料併用システムのバスも試作，営業運行した。さらに日野HIMRのディーゼル電気ハイブリッドに続いて，三菱ふそう（MBECS），いすゞ（CHASSÉ），日産ディーゼル（ERIP）がディーゼル・蓄圧式ハイブリッドバスを発表，国産メーカーのハイブリッド車が出そろった。

またディーゼル排出ガスに含まれる粒子状物質（PM）削減に有効

1972年に登場した東京都交通局の電気式ハイブリッドバス・いすゞEHCK480

1989年に登場した日野HIMRは量産型ハイブリッドのルーツだ

2000年3月にデビューした九州電力玄海原子力発電所のワンステップ電気バス．日産ディーゼルJPをベースに，東京アールアンドデーが設計を担当した．12Vの電気自動車用鉛電池を56個（28個直列×2）搭載し，空調や電動パワーステアリングを備えたワンステップバスに仕上げられた．既に廃車されたが，電池寿命を延ばすために5段階定電流充電方式などの技術が投入されていた．当時全国に登録されていた純電池バスは小型バスを中心に5台あったが，最大級，かつ床下に鉛電池を搭載した国産大型バスでは最後の1台として記憶されるべきだろう．（本誌No.59に詳報）

な天然ガスを圧縮して搭載するCNGバスも各社が開発した。大手公営バス事業者は時代の要請とはいえ，様々な種類の低公害バスを保有することになり，維持管理に大きな神経を要する時代を迎えたが，基本はあくまでディーゼルバスである。これらはCNGバスを除けば既存のインフラで運用できる車両であり，過去の経験上からも，電気バスへの期待は聞こえてこなかった。

電気バス　新たな時代に

しかし電池を製造する側も時代の潮流を見越して動き始める。日野HIMRは2001年に搭載電池を鉛25個からニッケル水素21個に変更し，回生量の増大，モーターアシスト量の拡大，搭載エンジンの小排気量化を進め，電池の分散配置によって，ワンステップ車で低床化への対応を進めた。さらに2005年にはトヨタプリウスの密閉型ニッケル水素電池を採用してルーフに搭載，ノンステップを実現，車名もブルーリボンシティハイブリッドに変更した。本稿は歴史編を謳っているので，このあたりから後は本誌の他の記事に委ねるが，鉛電池の時代から長い経験を重ねてきた日本の電気バスは，大都市における環境保全の要求から低公害バスの様々なアプローチを経て，パラレル式のハイブリッド技術に進み，その間に乗用車用のハイブリッドシステムを採用することで量産効果をねらい，鉛から新世代の電池に移行した。電池ではなくスーパーキャパシタの試作車も公開された。

一方，中国では鉛電池の時代を飛び越して，新世代電池を大型バスに搭載。そのボデーも素材から軽量化を目指した専用設計で，一充電当たり200kmを超える性能を打ち出した。また2000年以降，バスボデーの技術では積極的にヨーロッパに学び，車両に関する法規

2010年に開催された上海万博は会場内の車両がすべて排出ガスゼロ．来場者輸送用には大量のサンウィンボルボ電気バス（純電池型とスーパーキャパシタ型）が活躍した．中国が電気シティバス導入に舵を切った契機であったが日本における注目度は低かった

2019年1月には大型電気シティバスの生産累計5万台を達成したBYDは、日本には2015年に初登場．京都のプリンセスラインの定期路線に就役した．現在同社には7台が活躍中．大きなトラブルもなく国内では最も走行距離を伸ばしている電気バスである

も共通化を図ることで近代化を進めた．短期間に新世代電池を開発，自ら製造したバスに搭載し，充電設備を含めて供給できたこと，そして政府の強力なバックアップで，中国は短期間に電気バス先進国になった．

欧米や中国が主導する電気バスを支えるのは，深刻化する大気汚染や地球温暖化への危機感に対する国の施策が大きい．日本の電気バスも過去には戦争や大気汚染，市場規模などの要因に翻弄されてきた面がある．しかし世情を前提とするのは生産財であるバスの宿命である．そこにはエネルギー問題に象徴されるような，バス業界だけではどうにもならない領域があるのも事実だが，しかし近年の欧米の例を見る限り，行政のポリシーがぶれて業界が翻弄されるような構図は見えてこない．次世代バスを研究するプロジェクトなどは業界と政府が連携して推進している．

何度か脚光を浴びながら主流にはなれなかったものの，日本の電気バスには意外と長い歴史があることをご紹介してきた．技術的には世界の電気バスを凌駕するような電気バスを開発することはおそらく日本でも可能なのだと思う．しかし現行のバスボデーの生産設備を前提にすれば電気バスの性能には制約が大きいし，使い勝手を尊重する国内バス事業者が納得できない車両では主流にはなれない．バスの新技術に関しては，広範に補助金を交付して普及の道を探るのは過去の手法というべきではないだろうか．

また電気バスの普及を図る上で，車両技術以上に重要な問題は途中で急速充電が必要なのか，搭載電池だけで運用がこなせるのかといった，運用ソフトの部分である．同時に大量の電気バスを動かす

場合の電力供給を懸念する声もある．既に数万台の電気バスが稼働する中国では，過去10年間の使用実績に基づくノウハウの蓄積も豊富なはずだ．一方，ヨーロッパでも一営業所に100台以上在籍する電気バスを早朝から深夜まで，滞りなく運行させるニーズが生まれていて，こうしたノウハウは電気バス導入には欠かせない要素である．

日本では電気バスよりも水素燃料電池バスが普及の動きを見せている．水素社会の構築は，隣国の韓国政府も打ち出しているが，水素と電気というエネルギーの汎用性は社会のコンセンサスが選択する問題だ．日本の燃料電池バスは依然として極めて高価格だが，乗客が負担する低廉な運賃で事業を成立させるバスの宿命を無視するわけにはいかない．一方で，バスには社会インフラとして市民生活の利便性を支えると同時に，環境保全や都市の潤滑な交通環境を実現する上で大きな可能性を持つ有効な手段である．だからこそ行政がサポートする優先順位が高い対象といえるだろう．従来の車両開発や運行に関する対症療法的な補助金も日本のバスの発展を支えてきたことは肯定した上で，社会に本当に必要なものが何か，市民生活を向上する手段は何か，バス業界は利用者とともに考えなければならない課題である．

ヨーロッパでは，電気バスの延長線上に位置づけられた水素燃料電池バスも実用段階に入っている．上は2003年5月にマドリッドで開催されたUITPエクスポで公開された燃料電池バス．メルセデス・ベンツ シターロをベースにバラードのシステムで開発された．EUと各地の公共交通事業者が共同で取り組んだ一大プロジェクト．当時のシナリオでは2010〜2020年には燃料電池バスの普及が目されたが，燃料電池バスの普及の前にはまず電気バスの普及が進められた現状がある．左はトヨタ自動車の燃料電池バスの営業運行開始1号車で，2003年8月から東京都交通局で稼働した．五輪イベントを控えて量産燃料電池バスSORAが台数を増やしているが，電気バスの経験を飛び越して燃料電池バスの実用化に取り組む日本とヨーロッパの取り組みとの相違がどこにあるのかも興味深い

【注】本文中のバッテリーの表記は「電池」に統一した．表1〜5は1949年発行のモーターファンが掲載した「我が国の電気バス」（宮本 敦氏）を転載した．筆者は当時運輸省自動車局車輌課運輸技官である．掲載誌は同誌編集部に籍を置いていた木村 浩氏の提供を受けた．このほか都営バス50年史も参考にした．

佐世保市営バス終焉

佐世保市交通局が3月23日限りで市営バスの運行を終え，西肥自動車に事業を譲渡した．佐世保市営バスは1929年に西肥自動車の路線の一部を買収して創業，1952年に公営企業化を果たした経緯があるが，近年は西肥自動車との路線競合による過剰供給も課題となっていた．西肥自動車は3月24日から，交通局の子会社として設立されたさせぼバスに委託して運行を継続している．写真は事業廃止目前の黒髪営業所で

国内バスハイライト
2019　part 2

Domestic Bus Highlights 2019 Part 2 P83: Sasebo City Bus of Nagasaki Prefecture ceased operations after 90 years of service. Omni-taxis utilizing minivans with passenger capacities of less than 10 are increasing due to the discontinuation of bus routes. Bus terminal of Kumamoto City has been made new, and is now a part of a commercial complex. P84: Bus events for passengers and enthusiasts were again held around the nation in 2019. Pictured are those held at Nagoya, Tokyo, and Kyoto. Contests to showcase the techniques of bus drivers were held at various locations.

バス路線が廃止された過疎地域などで，定員10人以下の車両を用いた乗合タクシーが見られるようになってきた．またこの種の車両は普通二種免許で運転でき，大型免許保持者が減りつつある中，ドライバー確保の点からも関心が集まっている．右上：浜松市の自主運行バス・阿多古線．9月末まで遠州鉄道が路線バスを運行していたが，10月から事前予約による乗合タクシーに変更された．遠鉄タクシーが乗客定員9人のトヨタハイエースワゴンで運行する【Ya】．
右下：乗合タクシーのデマンド運行への取り組みも進められている．NTTドコモのシステムを搭載してデマンド運行のデモを行う京浜交通（京急グループ）の日産エルグランドジャンボタクシー

熊本市のバス拠点・熊本交通センターがリニューアルし，熊本桜町バスターミナルとして9月に運用を開始した．大型複合施設SAKURA MACHI Kumamoto（左手の高層ビル）に併設され，1日約4,300台のバスが発着する【Yz】

↑名古屋市交通局は2020年2月の市バス創業90周年を記念して，11月2日に市バス90周年記念イベント『名古屋の市バス90歳（祭）』を栄のオアシス21で開催した【Ya】．↗東京都交通局は9月28日，「バスまつりin豊洲＆みんくる20周年アニバーサリー」を豊洲市場で開催した．都営バスのほか民営バスも参加した．→6月16日，国内最大級のバスイベント「スルッとKANSAIバスまつり」が京都・岡崎公園で開催された．過去2年が台風で中止され3年ぶりの開催となり，近畿圏などから多くの来場者を集めた．写真は開会前のバス展示場

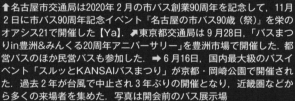

2019年も運転技術や接客サービスの向上などに向けて，ドライバーコンテストが各地で盛んに行われた．🖎しずてつジャストラインなど静鉄グループは2月11日，「第1回静鉄バスドライバーコンテスト」を静岡自動車学校で開催した．各営業所の代表運転士各1名のほか計10名が技術を競った．↑京成バスは10月7日，「京成バスドライバー安全運転コンテスト〈高速バス部門〉」を京成ドライビングスクールで開催した．〈一般路線バス部門〉と合わせて年2回開催されるコンテストで，難度の高い3つのコースで20名の選手が腕を競った．←JRバスグループは12月5日，「第3回JRバスグループ運転競技会」を愛知県の中部トラック総合研修センターで開催した．ジェイアール東海バスを幹事会社に，高速線の部で10名，一般線の部で6名が技術を競った．写真は屋内施設でのたこつぼ脱出競技

鉄道代行のバス

近年自然災害が増える中，2019年は特に10月の台風19号が関東・甲信越・東北などに甚大な被害をもたらした．台風19号では施設被害などにより多くの鉄道が運休し，一部は現在でも復旧工事を続けているが，ここでは鉄道代行で活躍したバスから，関東・東北地方の例を紹介する【AN】
→JR両毛線の代行応援で中国ジェイアールバスは3台を栃木県に送り出した．広島ナンバーで活躍するいすゞLV．↓同じく両毛線の代行応援でやって来たジェイ・アール北海道バスの三菱ふそうMP．同社からは3台が駆け付け，とちぎナンバーに変更して活躍した．↘両毛線代行バスから，地元ジェイアールバス関東の日野HTと，代行バスにチャーターされた帝産観光バスの三菱ふそうMS8．なお両毛線代行バスは栃木一佐野間で10月20日〜11月10日まで運行され，ジェイアールバス東北，西日本ジェイアールバスなどからも応援が出た

→福島県教育委員会は，台風により不通となったJR東北本線および磐越東線を利用する高校生の通学支援のためのスクールバスを10月23日から各線の運転再開まで運行した．郡山駅で，報徳観光バスの日野RUと三菱ふそうMS0．↓大規模な被災で一時全線不通となった阿武隈急行は，不通区間のうち丸森一槻木間で10月21日から朝夕に「阿武隈急行線お客様救済バス」を運行開始した．槻木で待機する東北アクセスの三菱ふそうMS8

↓福島交通は河川氾濫で郡山支社の車庫が水没，92台が被災し一時は全便運休したが，みちのりグループ各社や東京都交通局などからの車両支援もあり，早期の運行再開に漕ぎつけた．元のカラーリングを一部変更して第一線についた神奈川中央交通からの譲渡車・三菱ふそうMP．↙グループの茨城交通からの支援車，日野RUは福島空港連絡バスで活躍

As railway services were interrupted due to the damages caused by Typhoon 19 which devastated Kanto, Koshientsu, and Tohoku regions in October, alternative buses were operated. We will introduce to you the alternative buses of JR Ryomo Line.

「発車オーライ　見積モジュール」

工房

　貸切バス運行管理システム「発車オーライ」を販売している工房は，貸切バスの見積作業を簡便化するシステム「見積モジュール」も販売している。この「見積モジュール」は，昨今の法改正（新運賃・料金制度）に伴い，バス事業者の見積作成作業の負担軽減と，見積をデータベース化することで，データの有効活用を図るものである。

　「見積モジュール」では，運行ルートの策定，走行距離・時間の算出についてGoogleMapと連動しており，スピーディに運賃料金の上限・下限額の計算ができる。また作成したデータは見積書，運送引受書の作成にそのまま利用でき，さらに行程表や運行指示書の作成にも活用できる。またGoogleMapとの連動で，ストリートビューで路面やカーブの状況など道路環境の詳細も確認できる。

　「見積モジュール」は，従来の「発車オーライ」との連携も可能だが，工房では単体での販売も対応する。

〈お問い合わせ〉
㈱工房　本社
☎ (048) 227-0555
URL　http://www.khobho.co.jp

➡ GoogleMapと連動して走行距離・時間を算定し，運賃料金の上限・下限額の計算が簡単にできる

ストリートビューで状況確認

見積をデータベース化

新料金制度に対応

予約書以降にも連動

LED式行先表示器

レシップ

　レシップはオールカラータイプのLED式行先表示器を発売している。表示をカラー化することで，よりわかりやすい表示を実現している。このLED式行先表示器は次の特徴がある。
- 色数が豊富で色分けやマークの活用など多彩な色づかいが可能である。従来機種に比較してLEDドット数を増やすことで，小さい文字やイラストなども表示でき，描写力を向上させている。さらに高輝度・高視野角LEDの採用により，直射日光下でも高い視認性を確保している。
- 各種ワンマン機器との連動が可能で，ドライバーの負担軽減や操作ミスの軽減が図れる。
- 編集ソフトを使用して，自社で行先表示データの書き換えが可能である。

〈お問い合わせ〉
レシップ㈱　営業推進部　☎ (058) 323-5037
URL　http://www.lecip.co.jp

前面

側面（フルドット）

LED式行先表示器仕様

	前面	側面（フルドット）
形式	DFE-C11CC-02	DFE-C22CC-02(FD)
表示色	32,768色	32,768色
ドット数	192×40ドット	160×96ドット
定格入力電圧	DC26V（DC18〜32V）	DC26V（DC18〜32V）
消費電流 ※1	4.8A	5.6A
質量	15kg以下	12kg以下

※点灯率：50%　輝度：100%　DC26V 光度制限なしの時

ドライブレコーダー一体型デジタルタコグラフ「DTG7」　　矢崎エナジーシステム

矢崎エナジーシステムの「DTG7」はドライブレコーダーの機能を備えたデジタルタコグラフで，運行管理・記録の機能だけでなく，車線逸脱警報や，前方車両や後退時の接近情報など，ドライバー安全運転支援の機能も備えている。

記録方式は常時／トリガーの同時記録タイプで，記録したデータの転送はSDカード，LTE通信，無線LANの3種類の方式から選択できる。LTE通信はデジタコでは初となる画像・音声の高速データ通信で，記録した画像・音声（ライブ動画，4秒・60秒間動画）をリアルタイムで営業所などに送信できるので，危険運転や突発的なトラブル（バスジャックなど）の営業所への通報や営業所からのメッセージの送信が可能であるとともに，これらの動画を営業所のパソコンに保存することもできる。またSDカードや無線LAN方式は通信費が発生しないので，低コストでの運用を求めるニーズに適している。

カメラは最大6台まで接続でき，ハイブリッドカメラ，赤外線カメラ，連動バックカメラ，180度カメラにも対応し，独自技術により映像解析速度を向上している。カメラによる画像認識および予防安全機能は，高速走行時（60km/h以上）に道路車線を認識して，車線逸脱時やふらつき走行で警報を発する「車線逸脱警報」，高速走行時に前方車両を認識し，設定された車間時間に応じて警報を発する「車間距離警報」，道路標識を認識して，横断歩道接近警報，制限速度確認警報を発する「路面標示認識」の機能を有するほか，180度カメラにより後退時の接近物（歩行者や自転車）を認識し警報を発する「接近物警報」，路面の「止まれ」の標示（縦並び）を認識し，設定値以上の速度や設定値以内の距離で停止しない場合に音声で警告する「路面標示止まれ検知」の機能も新たに追加された。

近年新車のバスには予防安全装置が標準装備されるようになってきたが，「DTG7」は使用過程車の安全機能の強化に有効である。

〈お問い合わせ〉
矢崎エナジーシステム㈱　計装営業統括部　☎(0547)37-2601
URL　https://www.yazaki-group.com

DTG7と高解像度カメラ

新たに設定された
180度カメラ

オールシーズンタイヤ「SP680」　　住友ゴム工業

住友ゴム工業は2018年2月からバス・トラック用オールシーズンタイヤ「DUNLOP SP680」を発売している。オールシーズンタイヤは，夏タイヤの5～6割を占めるといわれており，最も多く使用されているタイヤである。

SP680はロングライフと省メンテナンス（偏摩耗の抑制）を目的に開発され，従来品「SP670」に比べてライフ性能を20％向上し，耐偏摩耗性能でもヒールアンドトー摩耗発生量を45％低減した。走行時にトレッドのブロックの変形を抑制する「ロック・ブロック」，ウエット性能を確保しながら剛性を維持するブロックの中心を横切る「Wavy Lineサイプ（波形サイプ）」，ショルダー部の接地圧を均一にコントロールする「SCTⅢ（スクウェア・コンタクト・テクノロジー・スリー）」などを採用している。このほか同社独自の新材料開発技術「ADVANCED 4D NANO DESIGN」により開発された，カーボンとポリマーの結びつきを強固にした「S.A.微粒子カーボンⅣ」をゴム素材に採用している。これらによりライフ性能と耐偏摩耗性能の向上を図った。

発売サイズは245/70R19.5 136/134J，10R22.5 14PR，12R22.5 16PR，275/70R22.5 148/145J，295/80R22.5 153/150Jなど20サイズで，価格はオープンである。

〈お問い合わせ〉
住友ゴム工業㈱
タイヤお客様相談室
☎(0120)39-2788
URL　https://tyre.dunlop.co.jp

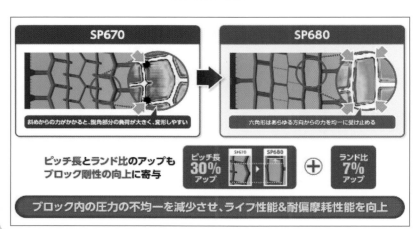

DUNLOP SP680

リビルドターボチャージャー

ターボテクノサービス

　ターボテクノサービス（以下TTS）は，バスをはじめとするトラックなど大型車，建設機械から軽/普通車まで，あらゆる車両・エンジンに搭載されているターボチャージャー（以下ターボ）専門のリビルドメーカーとして，年間の販売台数は2万台を超える実績を誇る。うちバス・トラック用VGターボは9,000台（約45％）を占め，この割合は年々増加しているという。バス用ターボアフターマーケットの現状としては，とりわけ2005年の新長期（平成17年）排出ガス規制以降のVGターボを搭載する一般路線バスでの需要が急増している。需要増の要因として，ストップ＆ゴーの繰り返しとなる走行条件がVGターボにとって負担が大きいこともさることながら，ブリーザーからのオイル吸込みが引き起こす，VGノズル部への炭化物堆積によるターボ不具合の多発にもあるという。

　そのような状況の中，TTS独自のサービスが「返却コアの分解調査報告」である。これは同社で不具合調査したバス・トラック用ターボのうち，約70％が再発不具合（上記事例等）とのデータに基づくもので，返却コアの分解調査の精度を上げ，画像付でレポートをユーザーに提供することで，改善すべき車両側の問題点をあぶりだし，再発不具合の予防に寄与するものである。なおTTSの提供するオンライン発注システム「TTS WEB メンバーズ」を利用することでも，調査レポートと画像をカラーで閲覧できる。TTSは，ターボ専門リビルドメーカーとして磨き続けた高度なリビルド技術を持ち，優れた品質の製品提供のみならず，返却コア調査報告等の，アフターマーケットで真に求められている有益な整備情報を提供するトータルサポート体制をとっている。またユーザー向けに工場見学やターボ講習会の開催にも積極的に応じている。

〈お問い合わせ〉
㈱ターボテクノサービス　東京本社　☎(03)3758-3381
URL　http://www.e-tts.com

ポスト新長期規制（2009年）に適合した，いすゞエルガミオ（SKG-LR290J1）に搭載される4HK1型エンジンの2段過給ターボ（高圧側が電子制御式VGターボ）のリビルドにも対応する

鍛造アルミ削り出しインペラ

VGノズル部の修正

低床バス用アクスル

ゼット・エフ・ジャパン

　ドイツのシステム・コンポーネントサプライヤーのZFは，世界各国の主要バスメーカー・バスビルダーにバス用の各種コンポーネントを供給している。特に低床（ノンステップ）バス向けのアクスルはヨーロッパ市場で95％以上のシェアを持っている。低床バス用のアクスルはホイールハブの中心より下方にドライブシャフトがあるポータルアクスル（逆門型アクスル）だが，その中で最も一般的なものが，2016年に発表された「AV133」である。それまでの製品に対してトルク抵抗の向上や軽量化，騒音の低減などが図られている。日本国内でも，輸入車のフルフラットバスや連節バスに搭載されているが，2019年より新たに国産ハイブリッド連節バスにも採用された。

　また2015年には，ホイールハブにモーターを組み込んで，ドライブラインと一体化した電動ポータルアクスル「AxTraxAVE」が発表された。「AxTraxAVE」は，ディーゼルエンジンで発電しモーターで駆動するシリーズ式ハイブリッドバス用に開発されたが，駆動用バッテリーを搭載する電気バスや，燃料電池スタックで発電しモーターで駆動する燃料電池バス，トロリーバスにも採用されている。「AxTraxAVE」の最大の特徴は従来の製品に比べて高出力なことにある。水冷式の非同期モーターを2基搭載するが，最高出力は1基あたり125kW，合計で250kWとなる。これは高回転域で340馬力の出力が得られることになり，例えば満員の連節バス（GVW約28トン）を1軸で走行させることも可能である。もう一つの特徴として装着スペースが従来のポータルアクスルと変わらないことが挙げられる。そのためバスメーカーが新たに電気バスやハイブリッドバスを開発する際に，専用のプラットフォームを設計・製造する必要がなく，開発費用の削減が図れる。また既存のタイヤ，ホイールを使用することが可能で，事業者への負担も少ない。このほかにも3軸目駆動の連節バス（後部車両が前部車両を押すプッシャータイプ）を，2軸目駆動にして牽引タイプにするなどの車両のバリエーション展開にも応用できる。

〈お問い合わせ〉
ゼット・エフ・ジャパン㈱
☎(045)670-6900
URL　http://www.zf.com/jp

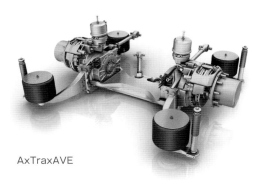

AV133　　　　　　　AxTraxAVE

マイクロバス後部荷物室架装 エムビーエムサービス

エムビーエムサービスはマイクロバスの室内後方の座席を一列取り外し，このスペースを荷物室に改造した仕様を設定している。

この荷物室の特徴は，シート背面後部に仕切壁を設けるとともに，荷物室スペースには着脱式の棚板を設けた点である。棚板の固定にはラッシングレールにバーを取り付け，その上に棚を載せる仕様である。ゴルフバッグ等大きな荷物を積む時は棚板とバーを取り外すことができ，ラッシングレールを利用し荷物のベルト固定も可能となっている。

荷物室にはLEDライトを天井に1灯，左側面下へ1灯の計2灯とし，夜間作業も容易となっている。

窓ガラスには荷物による破損防止のための保護パイプを取り付けている。

シート下部（座面下）にもスペースがあり，掃除用具置き場等として利用できる（仕切りカーテン付）。

オプションとして，仕切壁上部には荷物脱落防止ネット付を設定し，安全面にも配慮した設計となっている。

●仕様内容
（スーパーロング1列分荷物室）
寸法：横幅　約1,800mm
　　　高さ　1段目　約700mm
　　　奥行　約700mm
※車種型式によっては奥行が異なる。

●標準設定
仕切壁（客席側クッション入レザー張り，荷物室側茶色カーペット張り），棚板（着脱式バー含む），ラッシングレール，下方カーテン，LED灯（2灯），窓保護棒：荷物室部窓すべて

〈お問い合わせ〉
㈱エムビーエムサービス
☎(076)466-2485　URL　http://mbms.info/

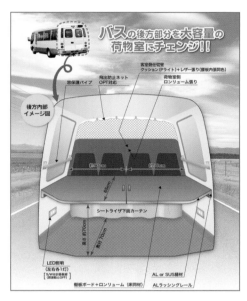

Topics Of Domestic
Buses From December
2018 To December 2019

本項では国内のバスを巡る1年の動きをバスラマ掲載記事を中心にご紹介する。
各文末の［172］〜［177］は掲載号を示す。内容は『年鑑バスラマ2018→2019』の続きであり，
事業者名・地域名は掲載時のものである。
写真解説中の【　】は撮影者を示す（104ページ参照）。

運行・路線の話題

■一般路線・小規模需要路線・観光路線など
（カッコ内は運行事業者）
2018年12月
7日　京王バス南，新宿→国立間の深夜急行バスの起点を大手町に延長。［172］
2019年1月
4日　福岡県筑紫野市，「つくし号」を運行開始（つくし観光バス）。［172］
14日　三重県伊勢市，「市内循環バス」の試験運行を開始（三重交通）。［172］
28日　広島電鉄，佐伯線の一部区間を廿日市市「自主運行バス」に移管（津田交通・佐伯交通）。［172］
31日　千葉県佐倉市，2018年1月から試験運行を行ってきたコミュニティバスを本格運行に移行（ちばグリーンバス・なの花交通）。［172］
3月
13日　栃木県小山市・栃木市，それぞれのコミュニティバス2路線の相互乗り入れを開始（関東自動車・大山タクシー・小山中央観光バス）。［173］
23日　新潟市西区を運行する「坂井輪コミュニティバス（Qバス）」の運行主体が，NPO法人「コミュニティバスを通す会」から新潟市西区に移行（新潟交通観光バス）。［173］
31日　京成バス・千葉海浜交通，幕張新都心地区で「幕張ベイパーク線」を運行開始。［174］
4月
1日　茨城県，稲敷市・龍ケ崎市・阿見町・美浦村，「稲敷エリア広域バス」の一部ルートを廃止（関東鉄道）。［173］
1日　東武バスセントラル・JRバス関東，東京駅―東京スカイツリー間を廃止。［173］
1日　長野市，「ぐるりん号」のルートを2路線から1路線に集約（アルピコ交通・長電バス）。［172］
1日　濃飛乗合自動車，高山・下呂―馬籠・妻籠間を9月30日まで運行。［174］
1日　愛知県刈谷市，「公共施設連絡バス」を再編，「かりまる」の愛称で運行開始（名鉄バス・大興タクシー・東伸運輸・豊栄交通）。［174］
1日　京阪バス，京都市内で3つの観光路線（西本願寺清水寺ライン・京都醍醐寺ライン・京阪七条―京都ステーションループバス）を運行開始。［173］
1日　大阪メトロ，今里―湯里六丁目間の「いまざとライナー」を運行開始（大阪シティバス）。［173］
1日　宮崎交通，「高千穂回遊バス」の運行を終了。［173］
6日　しずてつジャストライン，清水―日本平間の「日本平シャトル」を運行開始（しずてつジャストライン）。［174］
13日　神奈川県小田原市内の観光路線「うめまる号」の運行主体が合同会社まち元気小田原から箱根登山バスに移行し，季節運行から通年運行に変更。［174］
13日　明星観光バス，京都市内で「スカイホップバス」を運行開始。［174］
20日　京浜急行電鉄，横浜市みなとみらい地区で2階建てオープントップバスによる「KEIKYU OPEN TOP BUS横浜」を運行開始（京浜急行バス）。［174］
25日　西日本鉄道，アイランドシティ地区でオンデマンドバス「のるーと」を運行開始。［173］，［174］
27日　一般社団法人信州飯山観光局，新宿―飯山間の「飯山・東京おむすびライナー」を運行開始（長野バス）。［174］
5月
16日　岩手県交通，盛岡中心市街地循環バス「でんでんむし」を減便。［174］
6月
3日　富山市の堀川南地区の町内会で構成される「運行推進協議会」，「堀川南地域本郷町循環線」を運行開始（富山地方鉄道）。［175］
21日　宮城県の村田町・蔵王町・川崎町，2018年度に引き続き仙台空港と3町の観光スポットを結ぶ「みやぎ蔵王三源郷エアポートライナー」を2020年3月31日まで運行（タケヤ交通）。［175］
29日　加越能バス，高岡駅南口―イオンモール高岡間の「端龍寺線シャトルバス」を運行開始。［175］
30日　秋田県の五城目地域公共交通協議会，コミュニティバスの試験運行を終了（秋田中央トランスポート）。［173］
7月
20日　富士山静岡空港・大井川鐵道，「空港・金谷線」の実証運行を開始（大鉄アドバンス）。［175］
20日　西日本鉄道，福岡市都心部で，連節バスで運行する「都心循環BRT」を増回。［175］
8月
1日　札幌市観光局，9月30日まで市内の観光スポットを巡る「さっぽろスマイルバス」を運行（北海道中央バス）。［175］
7日　宮城県角田市，観光周遊バスを8月31日まで運行。［176］
17日　JRバス東北，滞在型の定観バス「あおもり八甲田晩夏の装い号」を9月29日まで運行。［176］
22日　大阪府，「百舌鳥・古市古墳群周遊バス」を2020年3月29日まで運行（近鉄バス・南海バス）。［176］
26日　相鉄バス，大和駅→横浜駅間の深夜急行バスを運行開始。［176］
9月
2日　岐阜市，「岩野田・岩野田北ぐるっとバス」の試験運行を開始（日本タクシー）。［176］
2日　愛知県大府市，「大府市循環バス」を路線再編（知多乗合）。［176］
21日　奈良交通・奈良県，「世界遺産周遊急行バス」を9月23日まで試験運行。［176］
10月
1日　宮城交通，泉中央駅から富谷市に向かう深夜バスの実証実験を2020年3月31日まで実施。［177］
1日　南秋地域公共交通活性化協議会，「南秋地域広域マイタウンバス」を運行開始（秋田中央トランスポート）。［176］
1日　岐阜県揖斐川町，コミュニティバスを路線再編（揖斐タクシー）。［176］
1日　静岡県浜松市，廃止代替2路線を運行開始（水窪タクシー・遠鉄タクシー）。［177］
1日　名鉄バス・東濃鉄道，名古屋―馬籠・妻籠間の観光路線を開設。［176］
1日　広島電鉄，呉市エリアの5路線を「呉市生活バス」に移管。［176］
1日　中国JRバス，「竹原・大久野島定期観光バス」を運行開始。［176］
1日　福岡県宮若市，廃止代替2路線を運行開始。［176］
1日　島原鉄道，「長崎空港線」を短縮，運行日変更などのダイヤ改正を実施。［176］
1日　沖縄県南城市，「Nバス」を運行開始（沖縄バス）。［176］
31日　横浜市交通局，みなとみらい21新港地区に「ピアライン」を開設。［177］
12月
2日　神奈川県横須賀市など，「ハマちゃんバス」を本格運行に移行（日の出タクシー）。［177］
2日　香川県坂出市，循環バス「中ルート」の実証実験を2020年2月29日まで実施。［177］
6日　西東京バス，高尾駅→八王子駅間の「寝過ごし救済バス」を12月20日まで運行。［177］
■都市間高速路線
○開設（事業者名・区間の順，以下同様）
2019年2月
1日　さくら観光バス，大宮―天王寺間。［172］
3月
1日　昌栄バス，池袋―軽井沢間。［173］
1日　平成エンタープライズ，名古屋―高山間。［172］
8日　福島交通・新常磐交通，郡山―富岡間。［173］
15日　関東自動車，東京―那須間。［173］
16日　仙台バス，仙台―仙台空港間。［173］
16日　神奈川中央交通西・東武バス，藤沢―川越間。［173］
22日　あじさい観光・田辺観光バス，なんば―白浜間。［173］
4月
1日　京浜急行バス・小湊鐵道，羽田空港―三井アウトレット木更津間。［173］
1日　神姫バス・中国JRバス，神戸―出雲間。［173］
1日　西日本鉄道・九州産交バス，福岡―阿蘇間。［173］
1日　九州産交バス，熊本―佐世保・ハウステンボス間。［173］
1日　産交バス，熊本―人吉間。［173］
16日　成田空港交通・JRバス東北，成田空港・東京ディズニーランド（TDL）―仙台間。［173］

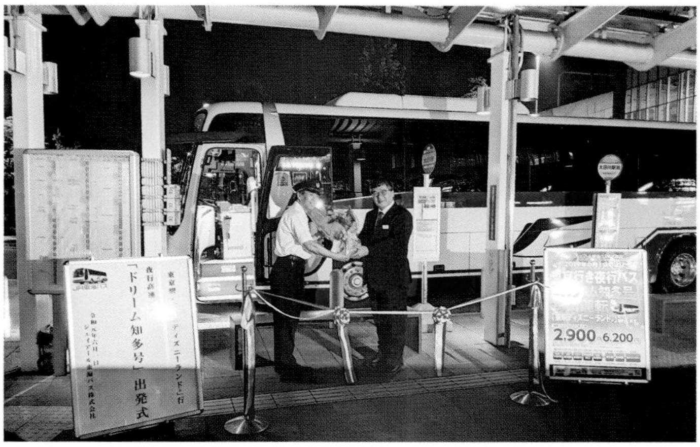

JRバス関東とJR東海バスは６月１日にTDL―太田川間の「ドリーム知多号」を開設．名鉄太田川駅で出発式が行われた【Ya】

西日本JRバスと全但バスは12月21日に京都―城崎温泉間の「城崎温泉エクスプレス京都号」を開設．京都駅の出発式で【MI】

６月
１日　JRバス関東・JR東海バス，TDL―太田川間。[174]
21日　西日本JRバス，富山・金沢・福井―徳島・高松・高知間。[174]
７月
１日　西讃観光，高松空港―観音寺・四国中央市間。[174]
18日　東北アクセス，東京―南相馬間。[175]
20日　網走バス，千歳―網走間。[175]
20日　ユタカ交通，福岡―長崎間／福岡―佐世保間。[175]
23日　茨城交通，東京―岩瀬間。[175]
８月
１日　東急トランセ・小湊鐵道・京王バス東，渋谷―三井アウトレットパーク木更津間。[175]
９日　国際興業・西東京バス，大宮―東京サマーランド間（2019年９月８日まで）。[175]
20日　広栄交通，大宮・川越―高崎・草津温泉間。[176]
９月
１日　富山地方鉄道・濃飛乗合自動車，富山きときと空港―高山間。[176]
11日　泉観光，長岡→新潟空港間。[176]
20日　京阪バス・南海りんかんバス，京都―高野山間（2019年11月24日まで）。[175]
10月
１日　京阪バス・大阪空港交通，大阪空港―高速京田辺・津田間。[176]
27日　西鉄バス北九州，北九州空港―下関間。[177]
29日　北海道バス，帯広―札幌間。[177]
11月
１日　関東バス・西武バス・京成バス・京成トランジットバス，東京ディズニーリゾート（TDR）―吉祥寺間。[177]
１日　千葉県鴨川市，横浜―鴨川間（2020年１月31日まで，日東交通・鴨川日東バス）。[177]
１日　西鉄バス久留米，久留米―山鹿間。[177]
12月
１日　WILLER EXPRESS，大阪―ナガシマリゾート・名古屋間。[177]
５日　東急バス・京成トランジットバス，武蔵小杉・二子玉川―TDR間。[177]
13日　西日本JRバス・中国JRバス，富山―岡山・広島間。[177]
21日　西日本JRバス・全但バス，京都―城崎温泉間。[177]
○廃止・休止
2019年１月
７日　おのみちバス，広島空港―尾道間。[172]
３月
１日　近鉄バス，京都―宮崎間。[172]
１日　一畑バス・日ノ丸自動車，松江―鳥取間[172]
11日　東北アクセス，南相馬―スパリゾートハワイアンズ。[173]
４月
１日　千葉海浜交通，東京―稲毛間。[173]
１日　広島電鉄，広島―三井アウトレットパーク倉敷間。[173]
５月
12日　京浜急行バス・京都交通，品川―舞鶴間。[173]
７月
１日　関鉄パープルバス，岩井・水海道・つくば―免許センター間。[175]
１日　日産観光，大崎―水戸住吉間。[175]
８月
１日　知多乗合，中部国際空港―岡崎間。[175]
10月
１日　加越能バス，高岡―高山間。[176]
１日　名鉄バス・九州産交バス，名古屋―熊本間。[176]
11月
23日　福島交通・新常磐交通，郡山―富岡間。[177]
12月
１日　小湊鐵道，千葉―大宮間。[177]
１日　小田急箱根高速バス，東京―御殿場・箱根間。[177]
○既設区間への参入，事業者交替
2019年３月
１日　東急トランセ，渋谷―鴨川間。[173]
４月
１日　関東バス，東京―本荘間。[173]
８月
１日　京王バス東，渋谷―袖ケ浦・木更津間。[175]
10月
１日　アルピコ交通東京（西武バスの撤退に伴い），池袋―長野間。[176]
○一部事業者の撤退
2019年１月
16日　京成バス，成田空港―稲毛間。[172]
２月
１日　神姫バス，神戸―阿波池田間。[172]
４月
１日　京浜急行バス，お台場―東京スカイツリータウン間。
１日　西日本JRバス，大阪―岡山・倉敷間。[173]
１日　大分交通・亀の井バス，京都・大阪・神戸―別府・大分間。[174]
５月
１日　京浜急行バス，羽田空港―水戸・日立間。[174]
７月
１日　江ノ電バス，藤沢・鎌倉・横浜―横手・大曲・田沢湖間。[174]
９月
１日　日東交通，成田空港―木更津間。[176]
１日　JRバス関東，東京―御殿場・箱根間。[176]
11月
１日　京阪バス，京都―松山間（2020年３月１日まで）。[177]

車両，自動運転の話題

2018年12月
25日　東京都交通局，フルフラットバスを運行開始。[172]
17日　西日本鉄道，新デザインの高速バスを運行開始。[172][173]
2019年１月
12日　会津乗合自動車，会津若松市内で中型電気バス３台を運行開始。[172]
15日　SBドライブ・先進モビリティ・全日本空輸（ANA）など，１月25日まで羽田空港の制限区域内で自動運転バスの実証実験を実施。[172]
２月
１日　岩手県交通，盛岡市内で大型電気バスを運行開始。[172][173]
１日　九州産交バス，電気バスの実証運行を終了。[172]
６・７日　内閣府，東京・お台場で大型自動運転バスの試験走行を実施。[172]
８日　国土交通省都市局，東京・池袋で群馬大学が開発した自動運転バスの実証実験を実施。[172]
13日　神奈川中央交通・SBドライブ，多摩ニュータウンで自動運転バスの実証実験を２月22日

名鉄バスと九州産交バスは９月30日限りで名古屋─熊本間の「不知火号」を廃止．10月１日に名鉄バスセンターに到着した名古屋行最終便【Ya】

山形県長井市は５月から８月にかけて水陸両用バスを運行．長井ダムの百秋湖を行く水陸両用バス【AN】

まで実施。[172]

３月

１日　京浜急行バス，燃料電池（FC）バス１台を導入。[173]

18日　ZMPと丸紅の合弁会社・AIROは，中部空港制限区域内で自動運転バスの実証実験を３月20日まで実施。[173]

26日　京都京阪バス，「宇治茶バス」を導入[173]

21日　滋賀県大津市・京阪バス・日本ユニシス，市内中心市街地で自動運転バスの実証実験を実施。[173]

23日　鳥取県八頭町・SBドライブ，４月５日まで自動運転バスの実証実験を実施。[173]

29日　平成エンタープライズ，オープントップ２階建てバスを導入。[173]

４月

２日　香川県琴平町，グリーンスローモビリティの試験運行を４月24日まで実施。[174]

６日　函館バス，自転車が積載できる「サイクリングバス」を運行開始。[174]

８日　名古屋鉄道・名鉄バス・群馬大学，愛知県尾張旭市・長久手市で自動運転バスの実証実験を４月12日まで実施。[174]

15日　関西電力，扇沢─黒部ダム間で電気バス15台の運行を開始。[173]

５月

18日　国土交通省，北海道大樹町で先進モビリティの実験車両を使用した自動運転バスの実証実験を６月21日まで実施。[174]

18日　会津乗合自動車，１月に導入した中型電気バス３台を尾瀬国立公園内のシャトルバスとして運用開始。[147]

27日　東北大学や周辺自治体で構成する東北次世代移動体システム技術実証コンソーシアム，仙台市でグリーンスローモビリティの実証実験

を６月７日まで実施。[174]

28日　三重県桑名市・群馬大学，６月30日まで市中心部で自動運転バスの実証実験を実施。[175]

31日　山形県長井市，８月25日まで水陸両用バスの試験運行を実施（赤湯観光バス・日本水陸両用車協会）。[175]

６月

３日　備北交通，広島県庄原市東城町の路線で車両の一部を小型バスから乗車定員10人のワンボックス車に変更。[175]

17日　中国JRバス，「ひろしま　めいぷる～ぷ」に大型車２台を導入。[175]

26日　中部国際空港，イオンモールなどで構成する「CHITA CATプロジェクト」，中部空港とイオンモール常滑を結ぶ無料シャトルバスにFCバスを採用（知多乗合）。[175]

７月

３日　SBドライブ，保有する自動運転バス「ナヴィヤ　アルマ」２台に登録番号を取得。７月５日まで東京都港区のイタリア街で公道走行試験を実施。[175]

20日　西日本鉄道，福岡市内で連節バスを増備。[175]

22日　西鉄バス北九州，北九州市内の２路線で連節バスの運行を開始。[175]

８月

１日　石川県加賀市，乗合タクシー「のりあい号」に予約・配車システムを導入（加賀第一交通）。[176]

８日　愛知県豊田市，FCバス３台を採用（名鉄バス・豊栄交通，および自家用）。[176]

21日　小田急電鉄・江ノ島電鉄・SBドライブ，８月30日まで江の島周辺の公道で自動運転バスの実証実験を実施。[175]

９月

２日　埼玉高速鉄道など，さいたま市浦和美園地区で自動運転バスの実証実験を実施。[176]

14日　相鉄バス・群馬大学，大型自動運転バスの実証実験（営業運行）を10月14日まで実施。[176]

19日　横浜市交通局，FCバス１台を採用。[176]

10月

１日　山形市，高瀬線の運行車両を小型バスからジャンボタクシーに変更。[177]

５日　北海道上士幌町など，貨客混載型の自動運転バスの実証実験を10月７日まで実施。[177]

15日　伊江島観光バス，観光仕様の大型電気バスを採用。[177]

11月

23日　東京都豊島区，池袋駅周辺で小型電気バスによる定期観光バス「IKEBUS」を運行開始（WILLER EXPRESS）。[177]

25日　JR東日本など，気仙沼BRT線で自動運転バスの実証実験を2020年２月14日まで実施（ミヤコーバス）。[177]

29日　日の丸自動車興業，スペイン製の２階建てオープントップバスを運行開始。[177]

30日　広島県呉市，呉駅周辺でFCバスを試験運行。[177]

12月

５日　神姫バス・ウエスト神姫・アイサンテクノロジーなど，兵庫県佐用町で自動運転バスの実証実験を12月９日まで実施。[177]

９日　神奈川県横須賀市・京浜急行電鉄・NTTドコモなど，「AI運行バス」の実証実験を2020年２月24日まで実施。[177]

14日　日立自動車交通，都心循環路線でFCバスを運行開始。[177]

サービス・システム・運賃・施設などの話題

2018年12月

１日　新潟交通・越後交通・頸城自動車・泉観光，新潟県内の高速バス路線でICカードの運用を開始。[172]

３日　栃木県鹿沼市，運転免許証返納者に対するコミュニティバスの無料乗車証の交付を，返納者の配偶者に拡大。[172]

16日　HEARTS，博多駅近くに「HEARTSバスステーション博多」を開設。[173]

2019年１月

24日　京浜急行バス，横須賀リサーチパーク内の「YRPセンター」停留所をスマートバス停

に改装。[172]

26日　西日本JRバス，定期観光「３つ星街道バス」に多言語ガイドシステムを導入。[172]

２月

１日　空港連絡バス運行事業者による「空港アクセスバス・アライアンス（Airport Bus Alliance）」が発足。統一フォーマットによる空港連絡バスの運行情報を提供する「ABAポータルサイト」を運用開始。[172]

１日　関東自動車，宇都宮チケットセンターでQRコード決済サービス「PayPay」の運用を開始。[172]

１日　西日本鉄道・西鉄高速バス・南国交通・鹿児島交通・鹿児島観光バス，福岡─鹿児島間の高速バス運賃を変動制から一律運賃に変更。[172]

４日　西日本鉄道，バスの位置を音声で案内するサービスを開始。[172]

14日　北海道のイオングループは，これまで均一運賃の路線のみで行っていた電子マネー「WAON」による路線バス運賃の決済サービスを多区間運賃の路線にも拡大。[172]

３月

１日　西日本JRバス，三宮，京都，金沢の各

北海道士幌町で10月に貨客混載の自動運転バスの実証実験が行われた．車両は登録番号を取得したSBドライブの「ナヴィヤ アルマ」【YS】

長崎県平戸市のYOKAROは8月20日にバス事業の廃業を発表した．福岡—平戸間を運行する同社のバス．5月12日に平戸桟橋で撮影【Mo】

チケットセンターで，「ALIPAY」と「WeChat Pay」の決済を開始。[173]

12日　杉崎高速バス，高速バス乗車券のキャンセル料を補償する「チケットガード保険」を開始。[173]

16日　JR東日本，気仙沼線・大船渡線BRTに新駅を設置（岩手県交通・ミヤコーバス）[173]

16日　京都市交通局，前乗り後降り方式を導入。[173]

25日　名古屋市交通局，栄噴水南バスターミナルの供用を廃止。[173]

4月

1日　箱根登山バス・伊豆箱根バス・小田急箱根高速バス・東海バスオレンジシャトル，箱根エリアで「バス停ナンバリング」を開始。[173]

1日　東京急行電鉄・JR東日本など，東伊豆・中伊豆エリアで観光型MaaSの実証実験を開始。[172]

1日　近鉄バス，「接近案内メール」の配信サービスを開始。[174]

8日　熊本県バス協会・九州産交バス・産交バス・熊本電気鉄道・熊本バス・熊本都市バス，県内で一斉にバスロケーションシステムの運用を開始。[173]

13日　奈良県，奈良公園バスターミナルの供用を開始。[173]

5月

9日　WILLER，「ひがし北海道ネイチャーパス」を通年販売に移行。[174]

6月

1日　岩手県交通・JR東日本，盛岡都心循環バス「でんでんむし」で，ICカード「odeca（オデカ）」の試験運用を開始。[175]

10日　ブリヂストン・横浜国立大学など，「バス停バリアレス縁石」を岡山市の後楽園前停留所に設置し運用開始。[174]

7月

30日　西日本鉄道，9月20日まで「スマートバス停」を活用したビジネスのアイデアを募集。[175]

8月

1日　空港アクセスバス・アライアンス（ABA）に17事業者が加入。全国20空港の31事業者の空港連絡バスの検索が可能になった。[175]

1日　岐阜市，コミュニティバス全路線が乗り放題となる「一日フリー乗車券」を発売。[176]

19日　秋田県男鹿市，市内路線バスの定額運賃制・共通乗車券の実験を11月30日まで実施。[176]

23日　香川県三豊市・琴平町とモネ・テクノロジーズ，次世代モビリティサービスに関する連携協定を締結。[176]

9月

11日　「熊本桜町バスターミナル」が運用開始。[176]

16日　長崎自動車，独自のICカード「エヌタスTカード」の運用を開始。[175]

20日　中部国際空港，第2ターミナルの運用を開始。空港連絡バス4路線が乗入開始。[176]

10月

1日　千葉県富津市，館山自動車道の「富津浅間山バスストップ」を運用開始。[176]

1日　長野県伊那地域振興局，長野—飯田間の高速バスの中央道上の停留所利用者にタクシー券を配布する実験を開始。[177]

1日　奈良交通・電通国際情報サービス・デンソーなど，奈良県で観光型MaaSの実証実験を12月31日まで実施。[176]

1日　日田バス，「日田バスターミナル」を運用開始。[176]

25日　秋葉バスサービス，片道定期券を発売。[177]

27日　トヨタ自動車・西日本鉄道，MaaSアプリ「my route」の本格運用を開始。[177]

28日　WILLER，観光MaaSアプリ「WILLERSアプリ」を正式にリリース。[177]

11月

16日　アルピコ交通，災害ボランティアの高速バス運賃を割引く「災害ボランティアサポート割引き」を11月30日まで実施。[177]

12月

2日　国際興業と西鉄エム・テック，YE DIGITAL，さいたま市内でスマートバス停の実証実験を2020年11月30日まで実施。[177]

2日　ケイエム観光・ネスレ日本，朝食付バスを12月18日まで運行。[177]

事業者の動向

●イルカ交通を傘下に持つ物流企業の大和トランスポート（本社：富山県小矢部市）は，岐阜県高山市の貸切バス事業者・斐太バスを子会社化。〈2018年12月1日〉[172]

●鯱バス，岐阜県土岐市に「岐阜東濃営業所」を開設。〈2019年1月11日〉[172]

●名古屋市交通局，港区に「港明営業所」を開設。〈2019年2月12日〉[172]

●西日本鉄道，香椎浜営業所と新宮営業所を統合する形で，福岡市東区に「アイランドシティ営業所」を開設。〈2019年3月16日〉[173]

●佐世保市交通局，バス事業を終了。〈2019年3月23日限り〉[173]

●鯱バス，静岡県袋井市の貸切バス事業者・さくら交通を子会社化。〈2019年3月29日〉

●北海道新ひだか町の貸切事業者・酒井運輸，「北海道ひだか交通バス」に社名変更。〈2019年4月1日〉[175]

●江ノ電バス藤沢・江ノ電バス横浜，合併し社名を「江ノ電バス」に変更。〈2019年4月1日〉[174]

●富士急山梨バス，「富士急バス」に社名変更〈2019年4月1日〉[173]

●アルピコ交通，子会社のアルピコ交通大阪を吸収合併。〈2019年4月1日〉[174]

●三重交通，子会社の観光販売コンサルティングを吸収合併し，社内に「観光販売システム営業部」を新設。〈2019年4月1日〉[173]

●祐徳自動車，子会社の祐徳バスを吸収合併。〈2019年4月1日〉[173]

●茨城交通，日立電鉄交通サービスを吸収合併。〈2019年5月1日〉[172]

●西日本JRバス，北陸支店・金沢営業所を金沢市広岡から同市乙丸町に移転。〈2019年5月15日〉[174]

●阪急バス，子会社の阪急田園バスを吸収合併。〈2019年7月1日〉[173][175]

●京成バス，東京都心と臨海地域を結ぶ新交通システム（連節バス）の運行事業会社「東京BRT」を設立。〈2019年7月8日〉[175]

●新東海バス，貸切手配センターを東海自動車に移管。〈2019年7月22日〉[176]

●YOKARO，バス事業を廃業。さつき観光が路線を継承〈2019年8月20日〉[176]

●岩手県北自動車，青森市に「青森営業所」を開設。〈2019年10月26日〉[176]

●神奈中観光，路線バス事業に参入。〈2019年11月13日〉[177]

●三重交通，募集型企画旅行事業を名阪近鉄旅行に集約。〈2020年1月1日〉[176]

●日産観光，茨城交通に事業を譲渡。〈2020年1月1日〉[177]

ノンステップバスの全国各地の採用状況

2019年4月1日～9月30日

2019年度上期の各地のノンステップバス採用状況を本誌調査によりまとめた。採用事業者名は採用時の名称である。また採用事業者と運行主体は一致しない場合もある。なお三菱ふそうMPノンステップバスは調査中で網羅はされていない。写真解説中の【　】は撮影者を示す（104ページ参照）。

Delivery Of Low Floor Buses Around The Nation From April 1 to September 30 of 2019

事業者名		車種・型式	台数	採用年月
根室交通	いすゞ	2KG-LR290J3	1	2019.4
阿寒バス	日野	2KG-KR290J3	1	2019.5
十勝バス	日野	2PG-KV290Q2	3	2019.9
ニセコバス	日野	2TG-KV290Q3	2	2019.9
岩手県交通	日野	2DG-HX9JLCE	1	2019.7
ミヤコーバス	いすゞ	2DG-LV290N2	2	2019.7
〃	〃	2KG-LR290J3	2	2019.7
福島交通	日野	2KG-KR290J3	2	2019.8
〃	いすゞ	2KG-LR290J3	3	2019.8
会津乗合自動車	いすゞ	2KG-LR290J3	3	2019.8
関東鉄道	日野	2DG-HX9JLCE	5	2019.8
茨城交通	日野	2DG-HX9JLCE	1	2019.9
茨城急行自動車	いすゞ	2KG-LR290J4	1	2019.9
関東自動車	日野	2DG-HX9JLCE	1	2019.8
大越観光バス	日野	2DG-HX9JHCE	1	2019.8
群馬バス	いすゞ	2KG-LR290J4	2	2019.9
関越交通	日野	2KG-KV290N3	1	2019.9
日本中央バス	日野	2DG-HX9JLCE	1	2019.8
〃	いすゞ	2KG-LR290J4	1	2019.9
つゝじ観光バス	日野	2DG-HX9JLCE	1	2019.8
西武バス	いすゞ	2PG-LV290N2	9	2019.5～8
〃	〃	2PG-LV290N3	6	2019.8～9
〃	〃	2KG-LR290J3	1	2019.5
〃	〃	2KG-LR290J4	1	2019.9
〃	三菱	2PG-MP38FK	10	2019.4～9
朝日自動車	いすゞ	2KG-LV290N2	1	2019.6
イーグルバス	日野	2DG-HX9JLCE	1	2019.5
協同バス	日野	2DG-HX9JLCE	2	2019.8
阪東自動車	いすゞ	2TG-LV290N3	2	2019.9
日東交通	いすゞ	2KG-LR290J3	2	2019.7
千葉交通	日野	2DG-KV290N3	2	2019.9
〃	〃	2KG-KR290J4	1	2019.9
千葉内陸バス	日野	2KG-KR290J3	3	2019.8
〃	〃	2DG-HX9JLCE	2	2019.8
千葉海浜交通	日野	2DG-KV290N2	1	2019.6
東京ベイシティ交通	日野	2DG-HX9JLCE	5	2019.9
ちばグリーンバス	いすゞ	2PG-LV290Q3	1	2019.9
ちばレインボーバス	日野	2DG-HX9JLCE	1	2019.8
船橋新京成バス	いすゞ	2DG-LV290N2	2	2019.7～8
〃	〃	2KG-LR290J4	1	2019.9
松戸新京成バス	いすゞ	2PG-LV290N3	1	2019.9
〃	〃	2KG-LR290J4	2	2019.9
京成トランジットバス	日野	2PG-KV290Q2	4	2019.6
〃	いすゞ	2DG-LV290N2	1	2019.7
京成バス	日野	2PG-KV290Q2	7	2019.4～8
〃	〃	2PG-KV290Q3	2	2019.9

事業者名		車種・型式	台数	採用年月
京成バス	日野	2DG-KV290N2	1	2019.8
〃	〃	2KG-KR290J3	1	2019.7
〃	〃	2DG-HX9JLCE	2	2019.8～9
〃	いすゞ	2PG-LV290Q2	1	2019.7
〃	〃	2DG-LV290N2	11	2019.4～6
〃	〃	2KG-LR290J3	2	2019.6
京成タウンバス	いすゞ	2DG-LV290N3	1	2019.9
〃	〃	2KG-LR290J3	3	2019.6～7
国際興業	日野	2DG-HX9JLCE	2	2019.6
〃	いすゞ	2PG-LV290N3	17	2019.9
〃	〃	2KG-LR290J4	4	2019.9
東武バスウエスト	日野	2DG-HX9JLCE	8	2019.6～9
JRバス関東	日野	2DG-HX9JLCE	1	2019.6
東京都交通局	いすゞ	2PG-LV290N3	32	2019.9
東急バス	日野	2DG-KV290N2	6	2019.8
〃	いすゞ	2DG-LV290N2	4	2019.6～7
〃	〃	2KG-LR290J3	5	2019.6～8
〃	三菱	2PG-MP38FM	7	
〃	〃	2PG-MP38FK	10	
京王電鉄バス	日野	2DG-HX9JLCE	1	2019.6
京王バス東	日野	2DG-HX9JLCE	1	2019.9
京王バス中央	日野	2DG-HX9JLCE	3	2019.4
京王自動車バスサービス	日野	2DG-HX9JLCE	1	2019.5
〃	いすゞ	2DG-LV290N2	1	2019.6
西東京バス	日野	2KG-KR290J3	1	2019.5
立川バス	日野	2DG-HX9JLCE	1	2019.7
〃	いすゞ	2DG-LV290N2	1	2019.5
〃	〃	2KG-LR290J3	3	2019.6
関東バス	日野	2DG-HX9JLCE	2	2019.8
〃	いすゞ	2PG-LV290Q2	4	2019.5～8
〃	〃	2KG-LR290J3	1	2019.8
〃	三菱	2PG-MP38FK	6	2019.7～8
京浜急行バス	日野	2KG-KV290N3	6	2019.9
〃	〃	2DG-HX9JLCE	2	2019.9
〃	いすゞ	2KG-LV290N3	13	2019.9
日立自動車交通	日野	2DG-HX9JLCE	5	2019.4
大新東	日野	2PG-KV290Q2	3	2019.9
新日本観光自動車	日野	2DG-HX9JLCE	2	2019.7
川崎鶴見臨港バス	いすゞ	2DG-LV290N3	5	2019.8～9
神奈川中央交通	日野	2DG-HX9JLCE	3	2019.7
箱根登山バス	日野	2KG-KR290J3	2	2019.8
〃	〃	2DG-HX9JLCE	1	2019.9
〃	いすゞ	2KG-LR290J3	3	2019.5
富士急湘南バス	日野	2KG-KV290N2	1	2019.7
富士急行	いすゞ	2TG-LV290Q2	5	2019.5
〃	いすゞ	2KG-LR290J3	2	2019.7

阿寒バス　日野2KG-KR290J3 【Nk】

西武バス　三菱ふそう2PG-MP38FK

濃飛乗合自動車　いすゞ2KG-LR290J3　【MI】

名阪近鉄バス　いすゞ2KG-LV290N2　【TN】

事業者名		車種・型式	台数	採用年月
ユタカトラベル	日野	2KG-KR290J3	1	2019.8
アルピコ交通	日野	2KG-KV290N2	1	2019.7
〃	〃	2DG-HX9JLCE	1	2019.5
〃	いすゞ	2KG-LR290J3	1	2019.7
長電バス	日野	2KG-KV290N3	1	2019.9
上信電鉄	日野	2DG-HX9JLCE	1	2019.9
新潟交通	日野	2DG-HX9JLCE	2	2019.9
新潟交通観光バス	日野	2DG-HX9JLCE	1	2019.9
蒲原鉄道	いすゞ	2KG-LV290N2	1	2019.4
富山地方鉄道	三菱	2PG-MP38FK	1	2019.8
北陸鉄道	日野	2PG-KV290Q2	3	2019.7
〃	〃	2KG-KV290N2	1	2019.7
北鉄金沢バス	日野	2PG-KV290Q2	4	2019.7
北鉄能登バス	日野	2DG-HX9JLCE	6	2019.8
北鉄奥能登バス	日野	2KG-KR290J3	3	2019.7
能登金剛交通	日野	2DG-HX9JLCE	1	2019.8
敦賀海陸運輸	いすゞ	2KG-LR290J3	1	2019.8
大和交通	日野	2KG-KR290J3	1	2019.4
濃飛乗合自動車	いすゞ	2KG-LR290J3	1	2019.6
東濃鉄道	日野	2DG-HX9JLCE	1	2019.5
〃	三菱	2PG-MP38FK	1	2019.5
日本タクシー	日野	2DG-HX9JLCE	4	2019.5 ～ 9
伊豆東海バス	日野	2KG-KR290J3	2	2019.7
〃	いすゞ	2KG-LV290N2	1	2019.7
南伊豆東海バス	日野	2KG-KR290J3	1	2019.7
西伊豆東海バス	日野	2KG-KR290J3	2	2019.7
新東海バス	日野	2KG-KR290J3	3	2019.7
東海バスオレンジシャトル	日野	2KG-KR290J3	3	2019.7
〃	いすゞ	2PG-LV290Q3	1	2019.9
〃	三菱	2PG-MP38FM	2	2019.9
浜松バス	日野	2DG-HX9JLCE	1	2019.8
吉田観光	日野	2DG-HX9JLCE	2	2019.4
名鉄バス	日野	2KG-KR290J3	2	2019.8
〃	〃	2DG-HX9JLCE	1	2019.9
〃	いすゞ	2KG-LR290J3	1	2019.6
〃	三菱	2PG-MP38FK	1	2019.9
名阪近鉄バス	いすゞ	2KG-LV290N2	1	2019.7
〃	〃	2KG-LR290J3	1	2019.6
鯱バス	日野	2KG-KR290J3	4	2019.5
高浜タクシー	日野	2DG-HX9JLCE	3	2019.8
三岐鉄道	日野	2KG-KV290N2	1	2019.5
〃	〃	2DG-HX9JLCE	1	2019.8
滋賀交通	いすゞ	2KG-LR290J3	2	2019.5
京阪バス	日野	2DG-HX9JLCE	5	2019.7 ～ 8
〃	いすゞ	2KG-LR290J3	3	2019.7
京都京阪バス	日野	2KG-KV290N2	2	2019.7
〃	〃	2DG-HX9JLCE	1	2019.8
〃	〃	2DG-LV290N2	2	2019.8
京都バス	日野	2PG-LV290N2	3	2019.8
京都交通	いすゞ	2KG-LR290J4	1	2019.9
ヤサカ自動車	いすゞ	2KG-LR290J3	2	2017.7
近鉄バス	日野	2PG-KV290Q2	1	2019.7
〃	〃	2DG-KV290N2	4	2019.7
〃	〃	2DG-HX9JLCE	3	2019.6

事業者名		車種・型式	台数	採用年月
近鉄バス	いすゞ	2DG-LV290N2	7	2019.5 ～ 7
南海バス	いすゞ	2KG-LV290N2	12	2019.6 ～ 8
〃	〃	2DG-LV290N2	2	2019.4
〃	〃	2KG-LR290J3	3	2019.8
阪神バス	いすゞ	2DG-LV290N2	3	2019.7
阪急バス	日野	2DG-HX9JLCE	1	2019.8
〃	いすゞ	2PG-LV290Q2	2	2019.7
〃	〃	2PG-LV290Q3	1	2019.9
〃	〃	2DG-LV290N2	3	2019.6 ～ 8
西日本JRバス	いすゞ	2DG-LV290N2	2	2019.6
大阪バス	日野	2KG-KR290J3	1	2019.8
みささぎ交通	日野	2DG-KV290Q2	2	2019.8
山陽バス	いすゞ	2DG-LV290N2	9	2019.6 ～ 8
神姫バス	日野	2DG-HX9JLCE	4	2019.6 ～ 8
神姫グリーンバス	日野	2KG-KR290J3	1	2019.8
ウエスト神姫	日野	2DG-HX9JLCE	1	2019.8
伊丹市交通局	三菱	2PG-MP38FK	4	2018.8
全但バス	いすゞ	2DG-LV290N2	1	2019.7
〃	〃	2KG-LR290J3	2	2019.7
小豆島オリーブバス	日野	2KG-KR290J3	2	2019.7
奈良交通	日野	2DG-HX9JLCE	2	2019.9
〃	いすゞ	2PG-LV290Q3	8	2019.9
〃	〃	2KG-LR290J4	1	2019.9
和歌山バス那賀	日野	2DG-HX9JLCE	1	2019.5
日ノ丸自動車	日野	2KG-KR290J3	6	2019.7
一畑バス	いすゞ	2KG-LR290J3	2	2019.4
石見交通	日野	2DG-HX9JLCE	2	2019.8
〃	いすゞ	2KG-LR290J4	2	2019.9
両備ホールディングス	三菱	2PG-MP38FM	1	2019.4
井笠バスカンパニー	いすゞ	2KG-LR290J3	1	2019.4
下津井電鉄	いすゞ	2KG-LV209N3	1	2019.9
中鉄北部バス	日野	2DG-HX9JLCE	3	2019.6
中国JRバス	いすゞ	2DG-LV290N3	2	2019.9
〃	三菱	2PG-MP38FK	2	2019.6
広島電鉄	日野	2DG-KV290N2	3	2019.8
エイチ・ディー西広島	日野	2KG-KR290J3	1	2019.8
広島バス	いすゞ	2PG-LV290Q2	3	2019.6
〃	三菱	2PG-MP38FM	2	2018.7
芸陽バス	いすゞ	2DG-LV290N2	1	2019.8
鞆鉄道	いすゞ	2KG-LR290J3	2	2019.8
大竹タクシー	日野	SDG-HX9JLBE	1	2019.8
琴参バス	日野	2KG-KR290J3	2	2019.9
〃	〃	2DG-HX9JLCE	3	2019.9
ことでんバス	日野	2KG-KR290J3	5	2019.8
大川自動車	日野	2KG-KR290J3	1	2019.9
とさでん交通	日野	2KG-KR290J3	2	2019.5
いだいハイヤー	日野	2DG-HX9JHCE	1	2019.9
日章ハイヤー	日野	2DG-HX9JHCE	1	2019.9
祐徳自動車	日野	2DG-HX9JLCE	1	2019.5
〃	いすゞ	2KG-LR290J3	3	2019.5
佐賀市交通局	いすゞ	2KG-LR290J3	3	2019.8
対馬交通	日野	2DG-HX9JHCE	1	2019.6
五島自動車	日野	2KG-KR290J3	2	2019.4
九州産交バス	日野	2KG-KV290N2	6	2019.4

事業者名	車種・型式	台数	採用年月
九州産交バス	日野 2TG-KV290Q3	2	2019.9
大分バス	日野 2KG-KV290N2	2	2019.6
〃	〃 2KG-KR290J3	4	2019.8
大分交通	いすゞ 2KG-LR290J4	1	2019.9
亀の井バス	日野 2KG-KR290J3	2	2019.4
宮崎交通	いすゞ 2KG-LR290J3	6	2019.7
鹿児島市交通局	日野 2DG-KV290N2	1	2019.6
あいら交通	日野 2DG-HX9JHCE	1	2019.8
沖縄バス	日野 2DG-HX9JLCE	7	2019.8
●ハイブリッドノンステップバス			
道北バス	日野 2SG-HL2ASBP	1	2019.4
JR東日本	日野 2SG-HL2ANBP	5	2019.8

事業者名	車種・型式	台数	採用年月
東急バス	日野 2SG-HL2ANBP	3	2019.8
京王電鉄バス	日野 2SG-HL2ANBP	2	2019.9
西東京バス	日野 2SG-HL2ANBP	7	2019.5 ～ 9
京都バス	日野 2SG-HL2ANBP	3	2019.8
●CNGノンステップバス			
協同バス	日野 2DG-HX9JLCE*	1	2019.8
●電気ノンステップバス			
関西電力	日野 QRG-KV290Q1*	2	2019.4
●燃料電池ノンステップバス			
横浜市交通局	トヨタ ZBC-MUM1NAE	1	2019.9
愛知県豊田市	トヨタ ZBC-MUM1NAE	3	2019.8

＊：改造車

ノンステップバス標準仕様の概要 〈2015年 7 月改訂〉

標準仕様は2015年 7 月に，反転式スロープ板や巻き取り式ベルトの車椅子固定装置の採用，優先席の前向き配置，フリースペースの設置など一部改正が行われた（下線部）。

部位	仕 様
乗降口	・乗降口の端部は路面と明確に識別する。 ・乗降口にステップ照射灯などの足下照明を設置し，夜間の視認性を向上させる。 ・車椅子を乗降させる乗降口の有効幅は900mm以上（小型は800mm以上）とする。 ・大量乗降を想定する大型車両の場合には，少なくとも一つの乗降口の有効幅は1,000mm以上とする。 ・乗降時のステップ高さは270mm以下とする。 ・傾斜は極力少なくする。 ・乗降口の両側（小型では片側）に握りやすくかつ姿勢保持しやすい握り手を設置する。 ・乗降口に設置する握り手の太さは25mm程度とする。 ・握り手の表面は滑りにくい素材や仕上げとする。
低床部通路	・乗降口付近を除く低床部分の通路には段差やスロープを設けない。 ・車椅子が移動する部分の通路幅は800mm以上とする。 ・低床部の座席配列が左右それぞれ 1 列のもの（いわゆる都市型バス）にあっては，前輪による車内への干渉部から後方のすべての通路幅を800mm以上（都市型以外の座席配列のもの〈いわゆる郊外型〉にあっては600mm以上）とする（ただし全幅が2.3m級以下のバスであって，構造上，基準を満たすことが困難なものについてはやむを得ない）。
床	・床は滑りにくい材質または仕上げとする。
後部段差	・段差の端部は周囲の床と明確に識別する。 ・低床部と高床部の間の通路に段差を設ける場合には，その高さは 1 段あたり200mm以下とする。 ・低床部と高床部の間の通路にスロープを設ける場合には，その角度は 5 度（約 9 ％勾配）以下とする。 ・スロープと階段の間には300mm程度の水平部分を設ける。 ・段差部に手すりなどをつける。
手すり	・高齢者，障害者などの伝い歩きを考慮した手すりなどを設置する。 ・車椅子スペースについては，車椅子の移動に支障をきたさないよう手すりなどを配置するとともに立席者の天井握り棒や吊革などを設置する。 ・縦握り棒は低床部にあっては座席 1 列（横向き座席の場合は 2 席，車椅子スペースに備える前向きの跳ね上げ座席にあっては 2 席， 3 人掛け横向き跳ね上げ座席にあっては 3 席）ごとに通路に面した左右両方に 1 本配置し，高床部にあっては座席 1 列ごとに，通路に面した左右いずれかに 1 本配置する。 ・タイヤハウスには高さ800mm程度の高さの位置に水平手すりを設置する。 ・手すりなどの太さは30mm程度とする。
車内表記	・車内表記は，わかりやすい表記とする。 ・車内表記は可能な限りピクトグラムによる表記とする。 ・ピクトグラムおよびその大きさは添付図を参照する。 ・認知度の低いピクトグラムについては，最小限の文字表記を併用する。
降車ボタン	・降車ボタンは，わかりやすく押し間違えにくい位置に設置する。 ・視覚障害者に配慮し，押しボタンの高さを統一する。ただし優先席および車椅子スペースに設置する押しボタンはこの限りではない。 ・縦握り棒に配置する押しボタンは床面より1,400mm程度の高さとする。 ・座席付近の壁面に配置する押しボタンは，床面より1,200mmの高さとする。
スロープ板	・車椅子を乗降させるためのスロープ板の幅は800mm以上とする。 ・地上高150mmのバスベイより車椅子を乗降させる際のスロープ角度は 7 度（約 7 ％勾配）以下とし，長さは1,050mm以下とする。 ・スロープ板の表面は滑りにくい材質もしくは仕上げとする。 ・スロープ板は，容易に使用できる場所に設置または格納する。

部位	仕 様
車椅子スペース	・バスには 2 脚分以上（車椅子での利用者の頻度が少ない路線にあっては 1 脚分）の車椅子スペースを確保する。 ・車椅子を取り回すためのスペースが少ない小型バスなどの場合は 1 脚分でもやむを得ない。 ・車椅子使用者がバスを利用しやすい位置に車椅子スペースを設置する。 ・乗降口から3,000mm以内に設置する。 ・車椅子スペースは，車椅子が取り回しできる広さとする。 ・車椅子を固定する場合のスペースは1,300（長さ）×750（幅）×1,300（高さ）mm以上（ 2 脚の車椅子を前向きに縦列に設ける場合には 2 脚目の長さは1,100mm以上とする）。 ・後ろ向きに車椅子を固定する場合には，車椅子スペース以外に車椅子の回転スペースを確保する。 ・車椅子固定装置は，短時間で確実に車椅子が固定できる巻き取り式等の構造とする。 ・前向きの場合は車椅子を 3 点ベルトにより床または車体に固定する。 ・後ろ向きの場合は背もたれ板を設置し，横ベルトで固定する。 ・前向きの場合には，車椅子使用者用の人ベルトを用意しておき，希望によりこれを装着する。 ・後ろ向きの場合には，車椅子用姿勢保持ベルトを用意しておき，希望によりこれを装着する。 ・車椅子使用者がバス乗車中に利用できる手すりなどを用意する。 ・車椅子使用者が容易に使用できる押しボタンを設置する。 ・押しボタンは手の不自由な乗客でも使用できるものとする。
フリースペース	・ベビーカーを折り畳まず乗車できるスペースを設ける。この場合において車椅子スペースと共用することができる。 ・フリースペースに備える座席は，常時跳ね上げ可能な座席とする。 ・フリースペースにはベビーカーを固定するベルトを用意する。 ・フリースペースにはベビーカーを折り畳まず使用できることを示すピクトグラムを貼付する（ストラップの使用方法，車椅子乗車の際の優先も記載する）。
車外表示装置	・車椅子マーク，ベビーカーマークは，車外の乗客から容易に確認できるようにする。
車外放送装置	・車外の乗客とバス乗務員とが容易に情報交換できるようにする。
優先席	・優先席は乗降口に近い位置に 3 席以上（中型バスでは 2 席以上，小型バスでは 1 席以上）前向きに設置する。 ・優先席は対象乗客が安全に着座でき，かつ立ち座りに配慮した構造とする。 ・乗客の入れ替わりが頻繁な路線では，優先席は少し高め（400～430mm）の座面とする。 ・優先席には，乗客が利用しやすい位置にわかりやすい押しボタンを設置する。 ・押しボタンは手の不自由な乗客でも使用できるものとする。 ・乗客が体を大きく捻ったり，曲げたりするような位置への降車ボタンの配置は避ける。
室内色彩	・座席，縦握り棒，通路および注意箇所などは高齢者や視覚障害者にもわかりやすい配色とする。 ・高齢者および色覚障害者でも見えるよう，縦握り棒，押しボタンなど明示させたい部分には朱色または黄色を用いる。 ・天井，床，壁面など，これらの背景となる部分は座席，縦握り棒，通路および注意箇所などに対して十分な明度差をつける。
車内安全確認設備	・運転者から車内の大部分が確認できるミラー，モニター等を設置する。 ・ミラー，モニター等は運転者席から容易に確認できる位置に設置する。

2019年，はとバスは1949年3月の都内定期観光バス運行開始から創業70周年を迎えた．写真は東京駅前を行く定期観光用のアストロメガとガーラ．同社が日本導入の先鞭をつけたアストロメガは2020年にも増備が予定されている．なおバスラマでははとバス創業70周年を記念し，創業以来の車両を網羅した「バスラマエクスプレス15　はとバス70年の車両の変遷」を2019年7月に発行した

ぽると出版各商品の税込価格と送料

各商品はぽると出版ウェブサイトから代引でお求めいただけます
http://www.portepub.co.jp/

書名・製品名	本体価格(円)	10%税込価格(円)	送料(円)
バスラマインターナショナル（通常号，最新号はNo.177）	1,362	1,498	310（2冊360）
年鑑バスラマ（各号）（在庫号は89ページに記載）	2,000	2,200	310
バスラマ年間定期購読（通常号のみ，送料共）	—	10,110	
バスラマ年間定期購読（年鑑バスラマ込，送料共）	—	12,630	
バスラマスペシャル9　続・西鉄バスの本	1,800	1,980	310
バスラマスペシャル11　UDマークのバス達	2,350	2,585	360
バスラマスペシャル12　高速バス2013	1,200	1,320	310
バスラマスペシャル13　30周年を迎えたJRバス	1,800	1,980	360
バスラマエクスプレス02　私の知っているバス達　いすゞ	900	990	225
バスラマエクスプレス11　The King　エアロキングの四半世紀	1,200	1,320	310
バスラマエクスプレス12　三菱ふそうエアロスター	1,200	1,320	310
バスラマエクスプレス14　日野ブルーリボンハイブリッド	1,200	1,320	310
バスラマエクスプレス15　はとバス 70年の車両の変遷	1,200	1,320	310
バスラマアーカイブス02　熊本・九州の輝いていたバス達	2,600	2,860	310
バスラマアーカイブス03　東京急行のバス達	2,400	2,640	310
バスラマバックナンバーPDF《CD-ROM》（各巻）※	1,000	1,100	＊1
ワーキングビークルズ（No.12～15）★	1,457	1,603	310
ワーキングビークルズ（No.19以降の各号）〈最新号はNo.72〉	900	990	225（2冊310）
ワーキングビークルズ年間定期購読（送料共）	—	3,660	
キューバの自動車図鑑	1,700	1,870	310
ミニカー　クラブバスラマ　ふそうMP（南海バス）	3,500	3,850	地域別（＊2）
ミニカー　クラブバスラマ　ふそうMP　CNG（大阪市）	3,700	4,070	地域別（＊2）

ぽると出版各商品の価格と送料は左記のとおりです．お申し込み方法は103ページをご覧ください

＊1：1枚250円，2枚285円，3～5枚370円，6～11枚710円
＊2：都内810円，東北・関東・信越・北陸・東海870円，近畿970円，中国・四国1,100円，北海道1,300円，九州1,300円，沖縄1,350円

ぽると出版

☎(03)5481-4597
http://www.portepub.co.jp/

※創刊号～No.40をPDFにより復刻．1巻あたり2冊分ずつ収録し全20種類．ほかにバスラマスペシャル「都営バスの本」「大阪市営バスの本」を各々1巻1冊で復刻．★在庫僅少

DATA

2018年度の一般乗合バス事業（保有台数30台以上）の収支状況

The Balance Sheet Of The Regular Route Bus Operators (With More Then 30 Buses For The Fiscal Year Of 2018)　　（単位：億円）

民営・公営の別	収入	支出	損益	経常収支率 (%)	事業者数 黒字	事業者数 赤字	事業者数 計
民営	5,914	6,198	△284	95.4	68(61)	155(154)	223(215)
公営	1,442	1,539	△97	93.7	1(1)	16(16)	17(17)
計	7,356	7,737	△381	95.1	69(62)	171(170)	240(232)
大都市	4,615	4,499	116	102.6	51(44)	28(27)	79(71)
その他地域	2,742	3,238	△496	84.7	18(18)	143(143)	161(161)
計	7,357	7,737	△380	95.1	69(62)	171(170)	240(232)

注：1. 高速バス，定期観光バスおよび限定バスを除く　　　　　　　　　　　　　　　　　　　　　　　　資料：国土交通省
　　2. （　）内の数字は，2以上のブロック（地域）にまたがる事業者について，その重複を除いた結果の事業者数を示す
　　3. 大都市（三大都市）とは，千葉，武相（東京三多摩地区，埼玉県，神奈川県），京浜（東京特別区，三鷹市，武蔵野市，調布市，狛江市，横浜市，川崎市），東海〈愛知県，三重県，岐阜県〉，京阪神（大阪府，京都府〈京都市を含む大阪府に隣接する地域〉，兵庫県〈神戸市と明石市を含む大阪府に隣接する地域〉）

乗合・貸切バス輸送状況の推移　　Ridership Of Route And Chartered Bus

年度	項目 免許事業者数	車両数 (両)	実動率 (%)	許可キロ (km)	総走行キロ (千km)	実車率 (%)	輸送人員 (千人)	営業収入 (百万円)
乗合バス 1950	303	17,714	80.0	89,688	491,240	−	1,357,702	19,922
1960	347	44,912	83.7	152,475	1,680,671	94.9	6,044,498	118,578
1970	359	67,911	84.7	190,881	2,935,122	94.2	10,073,704	368,914
1980	355	67,142	85.9	177,310	2,909,759	92.7	8,096,622	971,369
1990	377	64,972	85.7	282,841	3,038,390	91.7	6,500,489	1,193,909
2000	444	58,348	83.9	304,023	2,896,959	90.5	4,803,040	1,050,944
2010	1,640	59,195	82.0	420,757	2,676,546	88.2	4,158,180	929,762
2016	2,267	60,429	79.7	−	3,130,979	86.8	4,288,516	959,112
2017	2,279	60,522	79.1	−	3,125,398	86.5	4,342,261	
2018	−	−	78.7	−	3,099,176	86.4	4,347,726	
貸切バス 1950	312	1,112	−	−	20,190	−	12,284	−
1960	442	8,277	69.0	−	264,635	85.0	128,229	24,838
1970	559	18,017	63.1	−	739,061	85.5	180,989	115,416
1980	755	21,326	64.8	−	980,422	82.8	203,692	391,040
1990	1,206	29,858	67.3	−	1,571,311	81.4	255,762	702,876
2000	2,864	40,200	58.0	−	1,628,838	80.0	254,714	509,908
2010	4,492	47,452	50.2	−	1,297,575	78.6	300,049	433,422
2016	4,524	51,539	44.8	−	1,297,349	76.4	294,437	551,689
2017	4,324	51,109	43.3	−	1,265,032	76.2	297,318	−
2018	−	−	43.2	−	1,248,651	76.0	298,035	−

（右ページに続く）

バス生産台数／新規登録・届出台数／保有台数（各年末現在）／輸出台数

Number Of Buses Manufactured/Newly Registered/Units Sold Buses Owned (At the end of the various fiscal years)

年別	生産台数 大型 (30人乗り以上)	生産台数 小型 (29人乗り以下)	生産台数 計	生産台数 前年比（%）	販売台数 大型	販売台数 小型	販売台数 計	販売台数 前年比（%）
2000	8,035	46,509	54,544	112.7	4,333	12,238	16,571	114.5
2001	11,205	46,887	58,092	106.5	4,420	11,512	15,932	96.1
2002	11,141	55,180	66,321	114.2	4,729	11,630	16,359	102.7
2003	11,406	49,668	61,074	92.1	5,860	15,396	21,256	129.9
2004	12,286	48,156	60,442	99.0	5,098	13,049	18,147	85.6
2005	11,763	64,550	76,313	126.3	5,856	11,898	17,754	97.8
2006	11,063	77,574	88,637	116.1	6,064	11,536	17,600	99.1
2007	11,516	102,154	113,670	128.2	5,153	10,464	15,617	88.7
2008	11,660	127,442	139,102	122.4	5,357	9,976	15,333	98.2
2009	8,783	78,012	86,795	62.4	4,234	8,338	12,572	82.0
2010	10,274	99,060	109,334	125.6	4,777	7,998	12,775	101.6
2011	9,427	94,682	104,109	95.2	31,136	7,515	10,651	83.4
2012	10,598	111,622	122,220	117.4	4,266	7,672	11,938	112.1
2013	9,755	122,926	132,681	108.6	4,181	7,075	11,256	94.3
2014	9,402	130,432	139,834	105.4	4,498	7,485	11,983	106.5
2015	11,425	126,425	137,850	98.6	5,260	8,127	13,387	111.7
2016	−	−	129,743	94.1	6,543	8,955	15,498	115.8
2017	−	−	123,097	94.9	6,602	8,991	15,593	100.6
2018	−	−	113,197	92.0	5,131	8,571	13,702	87.9

（右ページに続く）

〈生産台数〉注：1979年より「KDセット」を除く。「KDセット」は部品扱いとなる。日本自動車工業会調査
〈販売台数〉注：2002年までシャーシーベース，2003年からはナンバーベース調べ。輸入車を含む。日本自動車販売協会連合会調査

2018年のブランド別国内バス販売台数　Sales, By Manufacturer in 2018 （単位：台）

	大型	小型	小計
日野	1,889(85.1)	1,789(101.1)	3,678(92.2)
いすゞ	1,848(74.8)	10(55.6)	1,858(74.7)
三菱ふそう	1,342(74.8)	1,056(80.5)	2,398(77.3)
トヨタ	8(－)	4,882(94.0)	4,890(94.1)
日産	－	834(119.7)	834(119.7)
現代	12(10.7)	－	12(10.7)
メルセデス・ベンツ	7(233.3)	－	7(233.3)
スカニア	25(416.7)	－	25(416.7)
合計	5,131(77.7)	8,571(95.3)	13,702(87.9)

注：1．新車の新規登録・届出台数
　　2．カッコ内は対前年比
資料：日本自動車販売協会連合会

高速乗合バスの運行状況　Operation Status Of The Highway Bus

年度	事業者数	運行系統数（延）	運行回数（1日）	輸送人員（千人）	供用道路（km）
1965	5	8	101	3,846	190
1975	23	56	453	11,216	1,888.3
1985	57	249	1,886	32,538	3,720.9
2000	158	1,617	5,569	69,687	6,860.8
2010	310	4,722	12,454	103,853	7,894.6
2012	311	4,778	12,251	108,615	8,334.5
2013	365	5,229	14,223	109,862	8,410.7
2014	365	4,996	15,756	115,703	8,427.7
2015	387	5,247	15,882	115,740	8,652.2
2016	400	5,121	14,012	104,581	8,795.2

注：1．上記数値は各年度末のものであるが，1985年度以前は輸送人員供用道路を除き6月1日現在である。
　　2．2005年度までは系統距離の半分以上を高速自動車国道などを利用して運行する乗合バスを高速乗合バスとした。2006年度からは，系統距離が50km以上のものを高速乗合バスとする。　資料：国土交通省

従業員総数（人）	運転者（人）	平均乗車定員（人）	乗車密度（人）	乗車効率（％）	年間人口一人当り利用回数（回）	キロ当り営業収入（円）	実動一日一車当り 走行キロ（km）	輸送人員（人）	営業収入（円）
－	－	38	17.7	43	16	40.44	100	274	－
－	－	59	20.1	34.1	64	70.55	124	444	8,894
207,675	100,312	72	19.1	26.5	96	125.69	142	488	17,704
155,191	104,145	74	15.4	20.8	69	333.38	139	386	46,263
123,134	91,501	66	12.1	18.3	53	392.94	152	324	59,534
97,006	74,420	65	10.1	15.5	38	362.77	160	265	57,993
103,299	80,073	－	－	－	33	347.37	171	235	58,903
－	－	－	－	－	34	－	172	236	－
－	－	－	－	－	－	－	172	239	－
－	－	－	－	－	－	－	171	239	－
－	－	－	－	－	0.2	－	－	－	－
－	－	59	50.0	82	1.3	95.04	127	66	12,824
47,906	18,009	58	46.7	80.5	1.7	156.17	188	46	27,843
52,030	21,479	53	39.8	75.1	1.7	396.85	205	43	81,627
63,486	28,972	52	34.1	65.6	2.1	447.32	230	37	102,787
64,971	36,241	45	32.6	72.4	2.0	313.05	232	36	72,523
64,171	45,392	－	32.1	－	－	334.02	223	41	74,487
－	－	－	－	－	－	－	186	42	－
－	－	－	－	－	－	－	184	43	－
－	－	－	－	－	－	－	185	44	－

資料：国土交通省

（単位：台）

保有台数（各年末現在） 大　型	小　型	計	前年比（％）	輸　出　台　数 大　型	小　型	計	前年比（％）	年　別
110,046	125,437	235,483	99.9	7,131	34,032	41,163	107.3	2000
110,272	124,544	234,816	99.7	9,578	34,903	44,481	108.1	2001
110,058	123,347	233,405	99.4	9,332	39,430	48,762	109.6	2002
109,909	121,909	231,818	99.3	8,279	37,312	45,591	93.5	2003
109,703	121,231	230,934	99.6	11,689	44,152	55,841	122.5	2004
109,917	121,816	231,733	100.3	9,953	67,984	77,937	139.6	2005
109,763	121,918	231,681	99.9	11,565	81,636	93,201	119.6	2006
109,621	212,307	230,928	99.7	13,868	107,663	121,531	130.4	2007
109,808	120,873	230,681	99.9	17,527	135,917	153,444	126.3	2008
108,760	119,673	228,397	99.0	11,106	80,916	92,022	60.0	2009
108,136	119,135	227,271	99.5	13,969	101,813	115,782	125.8	2010
107,435	118,513	225,948	99.4	14,495	96,247	110,742	95.6	2011
107,528	118,551	226,079	100.1	19,602	109,152	128,178	115.7	2012
107,723	118,204	225,927	99.9	19,712	117,223	136,935	106.8	2013
108,545	118,399	226,944	100.5	15,886	125,670	141,556	103.4	2014
110,096	119,293	229,389	101.1	19,649	121,650	141,299	99.8	2015
112,011	120,310	232,321	101.3	－	－	131,642	93.2	2016
112,672	120,794	233,466	100.5	－	－	199,012	－	2017
112,627	120,596	233,223	99.9	－	－	109,597	－	2018

〈保有台数〉：国土交通省調査
〈輸出台数〉注：1．国産車の船積実績（四輪メーカー分）。2．「KDセット」を除く。3．2017年12月実績より，一部会員メーカー台数を含まない。日本自動車工業会調査

バスの車両故障事故の装置別件数　Number of Vehicle Failures Based On The Component

資料：国土交通省

年＼装置	原動機	動力伝達装置	タイヤ	操縦装置	制動装置	緩衝装置	燃料装置	電気装置	乗車装置	内圧容器・付属装置	その他	合計
2015	541	394	64	20	96	86	216	323	84	96	234	2,154
2016	624	430	71	15	112	83	253	294	72	120	361	2,352
2017	553	384	66	14	104	73	229	300	62	126	257	2,168

注：1．故障件数は路上，営業所・車庫内を問わず運行に支障をきたしたものすべてが計上される。　2．装置の項目は件数が比較的多いものを記載した

バスのメーカー別保有台数　The Number Of Vehicles Owned Based On Manufacturers For Fiscal Year Of 2017

車種		初度登録年							
		2019	2018	2017	2016	2015	2014	2013	2012
普通乗合	日野	733	1,977	2,219	2,258	1,935	1,737	1,609	1,567
	いすゞ	630	1,664	2,192	2,187	1,745	1,398	1,292	1,296
	三菱ふそう	397	1,467	1,747	1,911	1,591	1,340	1,304	1,263
	三菱自動車	1	1	0	0	2	1	2	0
	UDトラックス	0	0	0	0	0	0	0	1
	トヨタ	54	103	105	90	59	85	79	79
	日産	33	54	69	66	75	107	78	91
	その他国産車	0	0	0	0	0	0	0	0
	輸入車	31	43	121	164	66	80	51	53
	その他	3	5	17	3	10	2	1	0
	合　計	1,882	5,314	6,470	6,679	5,483	4,750	4,416	4,350
	構成比（％）	1.7	4.7	5.8	5.9	4.9	4.2	3.9	3.9
小型乗合	日野	502	1,559	1,616	1,397	1,154	1,025	922	836
	いすゞ	33	83	191	108	76	66	63	77
	三菱ふそう	235	834	1,237	1,057	879	810	725	628
	三菱自動車	0	1	1	0	2	1	1	2
	UDトラックス	0	0	0	0	0	0	0	1
	トヨタ	1,032	3,525	3,476	3,411	3,062	2,744	2,525	2,369
	日産	215	592	528	787	649	588	518	481
	ダイハツ	0	0	0	0	0	0	0	0
	マツダ	0	0	0	0	0	0	0	0
	輸入車	0	1	0	4	7	5	1	14
	その他	0	4	3	2	0	0	2	2
	合　計	2,035	6,599	7,052	6,766	5,829	5,239	4,757	4,410
	構成比（％）	1.7	5.5	5.9	5.6	4.8	4.3	3.9	3.7

（右ページに続く）

注）．普通乗合は乗車定員30人以上の車両。小型乗合は同じく29人以下の車両

低公害バス保有台数の推移　（単位：台）

年度	2016	2017	2018
電気	36	55	68
燃料電池	5	8	24
ハイブリッド	1,171	1,246	1,313
プラグインハイブリッド	3	3	4
CNG	567	399	296
メタノール	1	1	1
合計	1,783	1,712	1,706

資料：自動車検査登録情報協会
The Changes Of The Number Of Low Emission Buses Ownerships

中古バスの販売台数〔中古車新規＋移転＋名義変更〕（ナンバーベース）　（単位：台）

年別	台数	前年比（％）
2009	15,239	90.9
2010	14,163	92.6
2011	13,894	97.8
2012	14,779	106.9
2013	12,830	86.7
2014	12,531	97.7
2015	13,173	105.1
2016	13,204	100.2
2017	13,066	99.0
2018	13,256	101.5

注：輸入車を含む　資料：日本自動車販売協会連合会
Number Of Used Buses 〈Newly Acquired + Transfer + Change Of Ownership〉(Based On Vehicle Registration)

自動車騒音規制（加速走行騒音）　Japans Motor Vehicle Noise Regulation For Accelerated Running Noise　（単位：dB(A)）

自動車の種別				平成10～13年規制	実施時期	
大型車	車両総重量が3.5トンを超え，原動機の最高出力が150キロワットを超えるものをいう	全輪駆動車等		82	新型車　平成13年10月1日　継続生産車　平成15年9月1日　輸入車	
		トラック		81		
		バス		81	新型車　平成10年10月1日　継続生産車　平成11年9月1日　輸入車　平成12年4月1日	
中型車	車両総重量が3.5トンを超え，原動機の最高出力が150キロワット以下のものをいう	全輪駆動車等		81	新型車　平成13年10月1日　継続生産車　平成14年9月1日　輸入車	
		トラック		80		
		バス		80	新型車　平成12年10月1日　継続生産車　平成13年9月1日　輸入車	
小型車	車両総重量が3.5トン以下のものをいう	軽自動車以外	車両総重量1.7トン超え	76	新型車　平成12年10月1日　継続生産車　平成14年9月1日　輸入車	
			車両総重量1.7トン以下	76	新型車　平成11年10月1日　継続生産車　平成12年9月1日　輸入車　平成13年4月1日	
		軽自動車	ボンネット型	76	新型車　平成11年10月1日　継続生産車　平成12年9月1日　輸入車　平成13年4月1日	
			キャブオーバー型	76	新型車　平成12年10月1日　継続生産車　平成12年9月1日　輸入車	
乗用車	専ら乗用の用に供する乗車定員10人以下のものをいう	乗車定員6人超え		76	新型車　平成11年10月1日　継続生産車　平成13年9月1日　輸入車　平成14年4月1日	
		乗車定員6人以下		76	新型車　平成10年10月1日　継続生産車　平成11年9月1日　輸入車　平成12年4月1日	
二輪車	二輪車の小型自動車（総排気量250ccを超えるもの）及び二輪の軽自動車（総排気量125ccを超え250cc以下のもの）をいう	小型		73	新型車　平成13年10月1日　継続生産車　平成15年9月1日　輸入車	
		軽		73	新型車　平成10年10月1日　継続生産車　平成11年9月1日　輸入車　平成12年4月1日	
原動機付自転車	第一種原動機付自転車（総排気量50cc以下のもの）及び第二種原動機付自転車（総排気量50ccを超え125cc以下のもの）をいう	第二種		71	新型車　平成13年10月1日　継続生産車　平成14年9月1日　輸入車	
		第一種		71	新型車　平成10年10月1日　継続生産車　平成11年9月1日　輸入車　平成12年4月1日	

注：全輪駆動車等とは全輪駆動車，トラクター，クレーン車である　　資料：環境省

2018年度国内販売バス　AT車・AMT車の割合

大型車　（単位：台）

	販売台数	AT車	AMT車
日野	1,378	180	480
いすゞ	1,327	615	331
三菱ふそう	1,232	526	706
合計	3,937	1,321	1,517

中型車

	販売台数	AT車	AMT車
日野	516	1	515
いすゞ	419	0	419
合計	935	1	934

小型車

	販売台数	AT車	AMT車
日野	1,798	1,607	0
いすゞ	8	6	0
三菱ふそう	1,003	0	188
合計	2,809	1,613	188

※本誌推計

2019年3月末現在，単位：台

2011	2010	2009	2008	2007以前	合　計	うち営業用
1,294	1,769	1,552	1,826	16,692	37,168	30,606
912	1,378	1,137	1,259	11,430	28,520	25,123
953	1,089	1,067	1,365	7,323	22,817	19,425
2	2	2	8	11,689	11,710	8,010
23	403	492	629	6,623	8,171	7,201
54	69	66	58	409	1,310	29
133	85	117	79	887	1,874	37
0	0	0	0	1	1	1
43	96	21	1	94	864	824
1	0	0	1	23	66	43
3,415	4,891	4,454	5,226	55,171	112,501	91,390
3.0	4.3	4.0	4.6	49.0	100.0	
612	740	680	955	10,925	22,923	8,781
55	69	57	86	2,151	3,115	1,257
608	737	708	899	5,863	15,238	4,953
0	1	3	2	11,715	11,729	3,572
1	3	2	10	268	285	179
1,888	2,096	1,787	2,111	20,306	50,332	4,843
597	609	557	465	10,067	16,653	717
0	0	0	0	2	2	0
0	0	0	0	99	99	0
5	3	0	0	34	74	47
1	1	0	0	26	41	7
3,767	4,259	3,794	4,528	61,456	120,491	24,356
3.1	3.5	3.1	3.8	51.0	100.0	

資料：自動車検査登録情報協会

大型二種免許保有者の推移

年		保有者数（人）
2012	男	1,013,740
	女	12,440
	計	1,026,180
2013	男	995,029
	女	12,714
	計	1,007,743
2014	男	973,544
	女	12,974
	計	986,518
2015	男	951,111
	女	13,272
	計	964,383
2016	男	928,935
	女	13,591
	計	942,526
2017	男	905,352
	女	13,890
	計	919,242
2018	男	881,913
	女	14,214
	計	896,127

資料：警察庁

The Changes In The Number Of People Who Have Drivers' License To Drive Buses

バス平均車齢・平均使用年数の推移

（単位：年）

年別	平均車齢	平均使用年数
2009	10.26	15.00
2010	10.50	16.59
2011	10.78	17.37
2012	11.12	16.82
2013	11.38	17.91
2014	11.56	17.63
2015	11.76	16.95
2016	11.87	16.83
2017	11.84	17.39
2018	11.81	17.69

注：1．平均車齢：使用されているバスの初年
　　　度登録からの経過年数の平均
　　2．平均使用年数：初度登録してから廃車
　　　するまでの平均年数
　　　　　　自動車検査登録情報協会調査

The Shift Of The Average Age Of Buses And Average Service Life By Bus

バス輸入台数（通関実績）

年別	台数
2009	50
2010	107
2011	56
2012	73
2013	73
2014	83
2015	118
2016	207
2017	120
2018	114

Number Of Imported Buses (Through Customs)

資料：財務省

自動車排出ガス規制　Motor Vehicle Emission Regulation In Japan

種別			現在の規制			
			規制年度	試験モード	成分	規制値
ディーゼル車	トラック・バス	軽量車（GVW≦1.7トン）	平成30年	WLTP（g/km）	CO	0.63
					NMHC	0.024
					NOx	0.15
					PM	0.005
		中量車（1.7トン＜GVW≦3.5トン）	平成31年	WLTP（g/km）	CO	0.63
					NMHC	0.024
					NOx	0.24
					PM	0.007
		重量車（3.5トン≦GVW）	平成28年	WHDC（g/kWh）	CO	2.22
					NMHC	0.17
					NOx	0.4
					PM	0.01
	乗用車		平成30年	WLTP（g/km）	CO	0.42
					NMHC	0.10
					NOx	0.05
					PM	0.005
ガソリン・LPG車	トラック・バス	軽自動車	平成31年	WLTP（g/km）	CO	4.02
					NMHC	0.05
					NOx	0.05
					PM	0.005
		軽量車（GVW≦1.7トン）	平成30年	WLTP（g/km）	CO	1.15
					NMHC	0.10
					NOx	0.05
					PM	0.005
		中量車（1.7トン＜GVW≦3.5トン）	平成31年	WLTP（g/km）	CO	2.55
					NMHC	0.15
					NOx	0.07
					PM	0.007
		重量車（3.5トン＜GVW）	平成21年	JE05（g/kWh）	CO	16.0
					NMHC	0.23
					NOx	0.7
					PM	0.01

注：1．CO：一酸化炭素，NMHC：非メタン炭化水素，NOx：窒素酸化物，PM：粒子状物質
　　2．規制値は型式あたりの平均値を示す
　　3．ディーゼル中量車の1.7トン＜GVW≦2.5トンは平成22年（2010年）から適用
　　4．WLTPは冷機状態の測定値がそのまま適用される
　　5．ディーゼル重量車の規制適用時期は3.5トン＜GVW≦7.5トンが平成30年（2018年），
　　GVW＞7.5トンが平成28年，トラクターは平成29年　資料：環境省，国土交通省，日本自
動車工業会

バスの地域別輸出台数

（単位：台）

地域	2016年	2017年	2018年
アジア	52,457	51,054	46,023
中近東	26,540	14,706	13,552
ヨーロッパ	339	44	47
北アメリカ	0	0	0
中南米	20,332	19,388	18,222
アフリカ	24,979	25,510	24,336
オセアニア	5,585	6,270	5,340
その他	1,420	2,040	2,077
合計	131,642	119,012	109,091

注：2017年実績より一部会員メーカー台数を
　　含まない

資料：日本自動車工業会

Number Of Exported Buses By Area

No67（2001年8月）サンデン交通，特集 沖縄のバス2001年夏	No122（2010年10月）訪関東自動車 特集 いすゞ新型エルガ登場！	No145（2014年8月）三菱ふそう新型エアロスター 訪小田急箱根高速バス／伊丹市交通局／尼崎市交通局 バス輸出⑤日産自動車	No163（2017年8月）訪宮崎交通 特集 28年規制適合の新型バスに乗る 日光に路面電車型バス登場
No68（2001年10月）訪神奈川中央交通	No123（2010年12月）新型ユニバース 訪岐阜乗合自動車／大阪バスグループ	No146（2014年10月）西武バスの超長期モニター車交替 第65回IAA，AT車⑮北海道中央バス 訪茨城交通／関西空港交通	No164（2017年10月）日野セレガショートに乗る 訪東急バス／札幌観光バス
No74（2002年10月）訪横浜市交通局	No124（2011年2月）新たな連節バス 訪岡山電気軌道／ワールドキャビン	No147（2014年12月）特集 バス車内をもっと快適＆清潔に 三菱ふそうエアロエースMS/MMに乗る 訪しずてつジャストライン	No165（2017年12月）訪京都バス 沖縄で10台のBYD電気バス登場 バスワールドヨーロッパ（前編）
No78（2003年6月）訪札幌市交通局，小型CNGバスに乗る，金沢ふらっとバス	No125（2011年4月）東日本大震災 訪近江鉄道／立川バス	No148（2015年2月発行）幕を閉じた熊本市と小松島市の市営バス 訪西武バスグループ	No166（2018年2月）特集 2ペダルの最新観光車に乗る バスワールドヨーロッパ（後編） 訪山梨交通グループ
No79（2003年8月）訪京都市交通局，中古バス業者訪問②，東急1175が引退	No127（2011年8月）呉市営民営化 特集 東日本大震災とバス PartⅡ 訪福井鉄道／イルカ交通	No149（2015年4月発行）いすゞ"14.5型"エルガハイブリッド BYD製電気バスが京都急行で運行開始 訪広島電鉄／HD西広島	No167（2018年4月）特集 2018春のオムニバス：全国10事業者の新車レポート，ユニバースAT車試乗，大阪市営バス民営化，訪近鉄バス
No80（2003年10月）訪函館バス，特集 バス創業100周年記念イベント	No128（2011年10月）特集 ポスト新長期規制適合バス① 訪青森市営バス／下北交通	No150（2015年6月発行）創刊25周年記念号 特集 沖縄県のバス2015 特別寄稿 バスラマ25周年に寄せて①	No168（2018年6月）日野の最新安全技術，メルファ試乗 もうひとつのエンジン自動消火装置 中国揚州亜星訪問＆上海バス事情 訪神奈川中央交通グループ
No85（2004年8月）訪常磐交通自動車，特集 市販を開始した三菱ふそうHEV	No129（2011年12月）カいすゞCCM（後） 特集 ポスト新長期規制適合バス② 訪日東交通／平成エンタープライズ	No151（2015年8月発行）特集 バスラマのVISIT 台湾 訪名鉄エルガ一新！エルガ制度発足から2年 新高速バスの現況	No169（2018年8月）特集 台湾最新バス事情 日野セレガ12mAMT車に乗る 関門トンネルの電気バス 訪四国交通
No87（2004年12月）訪伊予鉄道，特集 来日した韓国の最新LPGバス	No130（2012年2月）特集 改めてバスの安全を問うⅠ 訪東海バス／ウィラー・トラベル	No152（2015年10月）いすゞ新型エルガ＆日野ブルーリボン 4WD復活！三菱ふそうローザ 新潟のBRTが運行開始 訪京成バス	No170（2018年10月）新型トヨタコースター 開発者に聞く 第68回IAA（商用車）にみる新技術 最新バス機器・用品ガイド 訪小田急バス／小田急シティバス
No88（2005年2月）訪南海バス，特集 日野最新ハイブリッドバス	No131（2012年4月）日野ポンチョEV 特集 改めてバスの安全を問うⅡ 訪日本交通／京都交通	No153（2015年12月）バスワールド2015の会場から 読者も一緒に VISIT 台湾 訪会津乗合自動車	No171（2018年12月）バステクin首都圏の最新バス＆機器 エレベーター付リムジンバス運行開始 サンセバスチャンの電動連節バス 訪江ノ電バス
No94（2006年2月）訪大分交通／南国交通，ラインアップ完成！いすゞエルガ	No134（2012年10月）三菱ふそう新型エアロクィーン試乗 訪岩手県北自動車	No154（2016年2月）日野ブルーリボンハイブリッド バスワールド2015 訪名鉄観光バス	No172（2019年2月）東京都交通局のフルフラットバス 新型エアロクィーン／エアロエース 会津乗合のBYD電気バス 訪豊鉄バス／豊鉄観光バス
No98（2006年10月）訪高知県交通／土佐電気鉄道，IAAに見る最新バス	No135（2012年12月）特集ドラレコ 阪急バスのいすゞエルガハイブリッド 訪JRバス関東／JRバステック	No155（2016年4月）特集 2016春のオムニバス：バスタ新宿，はとバスの新型2階建てバスなど 訪熊本都市バス／新京成バスグループ	No173（2019年4月）特集 2019春のオムニバス：京浜急行バスのFCバス・岩手県交通の電気バスなど11事業者の新車レポート，佐世保市営バス事業終了，訪関東バス
No99（2006年12月）訪JR九州バス，スペースアローの運転操作	No136（2013年2月）訪名阪近鉄バス 超長期テストレポート中間報告 最新AT車の実力を探る⑧沿岸バス	No156（2016年6月）いすゞ新型エルガミオ デビュー！はとバスのアストロメガ，ベトナムのバス事情，訪くしろバス／阿寒バス	No174（2019年6月）国産ハイブリッド連節バス登場！2019バステクフォーラム開催 JRバスドリーム号50周年 訪大阪シティバス
No103（2007年8月）三菱エアロクィーン，訪姫路市／明石市／奈良観光バス	No137（2013年4月）三菱ふそうの安全技術，都営バスのエルガハイブリッド 訪全但バス／東北急行バス	No157（2016年8月）国内外のバス自動運転のトライアル 京都のBYD電気バス 訪広島バス	No175（2019年8月）特集 UITP 2019に見る最新バス 日野セレガの自動検知式EDSS バスラマのブラジル バス紀行① 訪長電バス
No104（2007年10月）特集 東京モーターショー出品バス 訪富山地方鉄道／日の丸自動車興業	No138（2013年6月）2013バステク 特集 改めてバスの安全を問うⅤ 日本のバス輸出① 訪西東京バス	No158（2016年10月）IAA2016 特集 いま観光バスがおもしろい！各地の運転競技会，訪東濃鉄道	No176（2019年10月）第5回バステクin首都圏の注目車 最新バス機器・用品ガイド 相鉄バスが自動運転バスを営業運行 訪川崎市交通局
No105（2007年12月）三菱ふそうエコハイブリッドに乗る 訪川崎鶴見臨港バス／北港観光バス	No139（2013年8月）新高速バス，三重交通の神都バス 訪十勝バス／北海道バス	No159（2016年12月）特集 いま観光バスがおもしろい！後編 シターロGに乗る，訪じょうてつ	
No106（2008年2月）訪沖縄バス 特集 バス利用をさらに安全に①	No140（2013年10月）新型ユニバース 1963年式トヨタ・ライトバス 訪相鉄バス 日本のバス輸出②日野	No160（2017年2月）特集 トヨタコースターが一新 居住性重視の高速バス登場 バスラマの台湾再訪，訪遠州鉄道	
No107（2008年4月）訪九州産業交通 特集 バス利用をさらに安全に②	No141（2013年12月）各地の復刻塗装車 第22回バスワールド，訪丹後海陸交通	No161（2017年4月）特集 2017年春のオムニバス トヨタ燃料電池バスの話題 訪瀬戸内運輸／瀬戸内海交通	
No108（2008年6月）新型エアロキングに乗る，カ日野RD，訪千曲バス／伊那バス	No142（2014年2月）特集 電気バス2014 AT車⑫南海バス 訪日立電鉄交通サービス	No162（2017年6月）クルーズトレインのバスの話題 訪神戸市交通局	
No109（2008年8月）訪神姫バス 特集 都市間輸送バスサービスの新時代	No143（2014年4月）各地で走り出した大型電気バス 訪中国バス／井笠バスカンパニー		
No110（2008年10月）カいすゞCSA（後）日野セレガハイブリッドに乗る 訪箱根登山バス／ケイエム観光	No144（2014年6月）日本初上陸 韓国製大型電気バス 訪小湊鐵道，カ日野レインボーRJ		
No111（2008年12月）カふそうMK（前）アメリカの公共交通，訪濃飛乗合自動車			
No112（2009年2月）ユニバース発売 訪伊豆箱根バス／銀河鉄道，カMK（中）			
No114（2009年6月）新世代のバス停 カ日野BT，訪秋北バス／秋田中央交通			
No116（2009年10月）訪一畑バス 都市間輸送バスサービスの新時代②			
No117（2009年12月）訪北陸鉄道 現代ユニバース新バリエーション追加			
No121（2010年8月）カ日野RS（前）訪大分バス／ビィー・トランセ			

上記のほかNo63・70・71・75・82・83・93・102・113・114・126・132・133は各々わずかずつですが在庫があります。No177，年鑑，増刊号は89ページ広告参照

●ぽると出版の出版物の通信販売について

弊社出版物の通信販売は下記の要領で受け付けております。

代引着払い：Eメール（portepub@nifty.com），FAX（03-5481-6597），ハガキで，住所・氏名・電話番号・希望商品・冊数を弊社までお知らせ下さい。通知が届き次第，発送いたします。商品到着時に代金［商品代金＋送料＋代引手数料265円］を配達係員にお支払い下さい。弊社ウェブサイト（http://www.portepub.co.jp/）からご注文もできます。

代金先払い（代引手数料は不要です）：郵便局に備え付けの郵便振替用紙の加入者欄に「00190-7-20159 株式会社ぽると出版」，用紙表面の通信欄に希望商品と冊数をご記入の上，商品代金と送料をご送金下さい。ご入金から商品到着まで１週間程度かかります。なお郵便振替手数料はお客様のご負担となります。

定期購読のお申し込み：上記の「代金先払い」と同じ方法で，郵便局から郵便振替でご送金下さい。通信欄に定期購読開始の号数をお書き下さい。年間定期購読は，バスラマ通常号のみ（計６冊，送料込10,110円）と年鑑バスラマ込（計７冊，送料込12,630円）の２種類からどちらかをお選び下さい。

銀行振込または請求書ご希望の場合：予めFAXまたは電話で企業名・所在地・電話番号・ご担当者・お申し込み内容を弊社あてにお知らせ下さい。なおお銀行振込手数料はお客様のご負担となります。

＊多部数の場合の送料などご不明な点がありましたら，弊社までお問い合わせください。

●バスラマ販売書店

■下記の書店には毎回バスラマが配本されています。なおご注文は下記以外の書店からもできますので，ご利用下さい。

■書店名〔＊はバックナンバーもあり〕 **北海道**／紀伊國屋書店（札幌本店，＊札幌オーロラタウン店，札幌厚別店），＊三省堂書店札幌店，＊MARUZEN&ジュンク堂書店札幌店，＊ジュンク堂書店旭川店，帯広喜久屋書店，宮脇書店帯広店，**青森**／ジュンク堂書店弘前中三店，**岩手**／さわや書店本店〈盛岡市〉，＊ジュンク堂書店盛岡店，**宮城**／アベ模型〈仙台市〉，ジュンク堂書店仙台TR店，**秋田**／ジュンク堂書店秋田店〈秋田市〉，スーパーブックス八橋店〈秋田市〉，ブックスモア（湯沢店〈湯沢市〉，大館店〈大館市〉），**山形**／＊こまつ書店本店〈山形市〉，ゲオ酒田バイパス店，**福島**／西沢書店〈福島市〉，＊ジュンク堂書店郡山店（うすい百貨店９F），**茨城**／川又書店エクセル店〈水戸駅〉，**栃木**／八重洲ブックセンター宇都宮パセオ店，**千葉**／三省堂書店（そごう千葉店，カルチャーステーション千葉店），ときわ書房本店〈船橋駅〉，＊丸善津田沼店〈ザ・ブロック〉，**埼玉**／ジュンク堂書店大宮高島屋店，丸善丸広百貨店東松山店，木つつ木〈ふじみ野市〉，**東京**／＊書泉グランデ〈神田神保町〉，＊書泉ブックタワー〈秋葉原〉，＊八重洲ブックセンター東京駅本店，丸善（丸の内本店，＊多摩センター店），三省堂書店東京駅一番街店，啓文堂書店（渋谷店，明大前店，仙川店，府中店，高幡店，高尾店，永山店，多摩センター店，鶴川店，荻窪店，吉祥寺キラリナ店），リブロ錦糸町店，有隣堂アトレ大井町店，＊RYUSENKEI〈世田谷区〉，＊ブックファースト新宿店〈モード学園コクーンタワー〉，＊東京旭屋書店（池袋東武百貨店），ジュンク堂書店（池袋店，プレスセンター店〈内幸町〉，＊吉祥寺店〈コピス吉祥寺６F・７F〉，大泉学園店），MARUZEN&ジュンク堂書店渋谷店〈東急百貨店本店７F〉，ミニカーショップイケダ〈日暮里〉，＊オリオン書房ノルテ店〈立川・パークアベニュー３F〉，ゲオ文教堂京王八王子店，**神奈川**／有隣堂（伊勢佐木町本店，ルミネ横浜店，横浜駅西口店，厚木店），精文館書店下永谷店〈横浜市〉，あおい書店川崎駅前店，丸善ラゾーナ川崎店，文教堂モアーズ店〈横須賀市〉，啓文堂書店（小田急相模原店，橋本店），＊ジュンク堂書店藤沢店，**山梨**／＊バスの店ビー・ユー〈甲府市〉，＊ジュンク堂書店甲府店〈岡島百貨店６F〉，**長野**／平安堂（長野店〈長野駅前〉，上田店），丸善松本店〈コングロM B1・1・2F〉，**新潟**／紀伊國屋書店新潟店，＊知遊堂（三条店〈三条市〉，上越国府店〈上越市〉），ジュンク堂書店新潟店〈新潟市〉，本の店英進堂〈新潟市〉，**富山**／＊ブックスなかだ掛尾本店〈富山市〉，**石川**／TSUTAYA金沢店，**岐阜**／カルコス（本店〈岐阜市〉，各務原店，穂積店），＊丸善岐阜店〈岐阜市マーサ21　3F〉，**静岡**／谷島屋（パルシェ店，浜松連尺店，サンストリート浜北店〈浜松市〉，磐田店），焼津谷島屋登呂田店，＊MARUZEN&ジュンク堂書店新静岡店〈新静岡セノバ５F〉，**愛知**／＊ジュンク堂書店（名古屋店，ロフト名古屋〈栄〉），三省堂書店（＊名古屋本店），＊丸善名古屋本店〈栄〉，精文館本店〈豊橋駅前〉，カルコス小牧店，**三重**／丸善四日市店〈近鉄百貨店四日市店地階〉，コメリ書房（鈴鹿店〈鈴鹿市〉，松阪店〈松阪市〉），**滋賀**／＊サンミュージックハイパーブックス長浜店〈長浜市〉，大垣書店大津一里山店〈大津市〉，ジュンク堂書店滋賀草津店〈草津市〉，**京都**／アバンティ・ブックセンター〈京都駅八条口〉，ふたば書房京都駅八条口店，ジュンク堂書店京都店，大垣書店（＊京都ヨドバシ店，＊イオンモール京都桂川店），＊丸善京都本店〈京都BAL B1・B2F〉，キタムラAVIX福知山店，**大阪**／旭屋書店なんばCITY店，ジュンク堂書店（＊大阪店〈梅田〉，＊難波店，＊あべの店〈あべのハルカス〉），＊MARUZEN&ジュンク堂書店梅田店，紀伊国屋書店梅田本店，スーパーキッズランド本店〈浪速区〉，＊ポポンデッタ大阪日本橋店，野村呼文堂本店〈枚方市〉，＊サンミュージックハイパーブックス茨木店〈茨木市〉，**兵庫**／＊ジュンク堂書店（三宮店，三宮駅前店，西宮店，明石店），喜久屋書店辻井店〈姫路市〉，**奈良**／＊啓林堂書店学園前店〈奈良市〉，**和歌山**／宮脇書店ロイネット和歌山店〈和歌山市〉，**鳥取**／ブックセンターコスモ吉方店，**岡山**／紀伊國屋書店クレド岡山店，喜久屋書店倉敷店〈イオンモール倉敷〉，**広島**／紀伊國屋書店（広島店，ゆめタウン広島店），フタバ図書ブックスラフォーレ店〈広島市〉，丸善広島店〈天満屋広島八丁堀店７F・８F〉，ジュンク堂書店広島駅前店，啓文社PP店〈福山市〉，**徳島**／紀伊國屋書店徳島店，＊附家書店松茂店〈板野郡〉，**香川**／宮脇書店高松店，ジュンク堂書店高松店〈瓦町FLAG 3F〉，紀伊國屋書店丸亀店，**愛媛**／＊ジュンク堂書店松山店，**福岡**／紀伊國屋書店（＊福岡本店〈博多駅〉，ゆめタウン博多店，久留米店），＊ジュンク堂書店福岡店〈天神〉，丸善博多店〈JR博多シティ８F〉，**佐賀**／紀伊國屋書店佐賀店，**長崎**／メトロ書店本店〈長崎市尾上町〉，紀伊國屋書店長崎店，**熊本**／紀伊國屋書店（熊本光の森店，熊本はません店），**大分**／紀伊國屋書店アミュプラザおおいた店〈大分市〉，ジュンク堂書店大分店〈大分市〉，**鹿児島**／ジュンク堂書店（天文館店，＊鹿児島店），紀伊國屋書店鹿児島店，**沖縄**／＊ジュンク堂書店那覇店〈美栄橋駅〉 ほか

1/76バスモデル"CLUB BUSRAMA"　通信販売のご案内

"CLUB BUSRAMA"は，三菱ふそうエアロスターノンステップ南海バス（10%税込3,850円），同・大阪市交通局CNG仕様（10%税込4,070円）が発売中です。

●**代引着払い**：弊社ウェブサイト（http://www.portepub.co.jp/）の注文ページまたは，FAX（03-5481-6597），Eメール（portepub@nifty.com），ハガキで，住所・氏名・連絡先電話番号・希望商品名と希望個数をぽると出版までお知らせ下さい。通知が到着次第，発送いたします。商品到着時に，代金［商品代金＋地域別送料＋代引手数料265円］を配達係員にお支払い下さい。

●**料金先払い（代引手数料は不要です）**：郵便振替「00190-7-20159 ㈱ぽると出版」あて希望商品名・個数を明記の上，商品代＋地域別送料をご送金下さい。

●**地域別送料**（商品１～２個まで同額）は都内810円，東北・関東・信越・東海870円，近畿970円，中国・四国1,100円，北海道1,300円，九州1,300円，沖縄1,350円です。3個以上の送料については，当社までお問い合わせ下さい。

●**商品の交換について**：輸送途中の破損・汚損などの理由により交換をご希望の際は，商品到着後１週間以内に当社にご連絡下さい。なお当社以外の販売店の通信販売による商品の交換は，必ずお求めになった販売店にご連絡下さい。

●"CLUB BUSRAMA"はホビーショップ等でも販売しております。ホビーショップの所在地等は弊社ウェブサイトでご確認下さい。お求めの際は，在庫ご確認のお問い合わせをされることをお勧めします。

三菱ふそうエアロスターCNG〈大阪市〉

BUSRAMA ANNUAL 2019➡2020

編 集 後 記

2019年も様々な高速バスに乗る機会があったが，やはり多かったのは，バスストップが自宅から使いやすい場所にある東名ハイウェイバス＆東海道昼特急。中でも昼特急のエアロキング最前列からのんびり眺める景色は，まさに何物にも代えがたい。成立から30年を経て，JRバス各社にはそれぞれの個性が確立されていると思う。しかし乗車途中でドライバー交代しても運転スタイルに共通のベースがあるように感じられ，"さすがツバメのバス"と乗るたびに思う。と言うわけで，今回のマイバスネタ賞は東名ハイウェイバス＆昼特急のドライバーの皆さんに感謝を込めて，10年ぶり2回目。またエアロキングは最新車でも間もなく10年選手。台数は確実に減っており，"バスの王様"に乗る機会もいよいよ貴重になりそう。 （や）

人口が多く，公共交通の充実した東京にいると「高齢化・人口減少」といわれてもあまり実感がないのが実情かもしれない。ただし2019年は「高齢化・人口減少」を背景に，新たな動きが結構出てきている。これまでの利用者の減少から減便や路線廃止の傾向に加えて，利用者がいてもドライバーがいないため減便や路線廃止が行われる事例が目立ってくると同時に，車両をバスからワゴン車に変更するダウンサイジングの動きも出てきている。首都圏の鉄道事業者も拠点駅周辺に人を集める仕掛けを新設したり，郊外でAI利用の乗合タクシーを企画したり，沿線とは関係ない観光地でMaaSを模索したりと，新しいことを始めている。このままいくとこの国の公共交通はかなり様相を変えることになると思える。 （Y）

2020年はオリンピックイヤーとして沸いている。前回の東京大会の時は小学校から調布市内の甲州街道まで歩きマラソンを観戦，世界のアスリート達（当時はそんな言葉はなかったが）の戦いを生で見たものだ。この時の五輪では，東海道新幹線，首都高速の開業も含めて都内の街並みが一新したと語られる。今回も遠く札幌まで巻き込んで準備に大わらわだが，コストを投じた分，子供達に夢を与えるイベントであってほしい。さて2019年の国産バスは高度OBDへの対応もあり，かなりの車型が改良された。燃料電池バスも数を増やしている。だが電気バスの市販化は聞こえてこない。一方，輸入電気バスは発売予定とされるモデルを含めて8車型がラインアップした。国内の電気バス市場の覇者に関心が高まる。 （S）

図らずもついた嘘をお詫びする。昨年の年鑑の巻頭言が最後と書きながら，今年も担当させていただいた。1年の猶予で筆者交替を期待し準備をしてきたのだが，締め切り直前の「出来ない！」でお鉢が回ってきた。出来ないのは力量ではなく時間不足が理由らしいから，今度こそ次回に期する。バスラマ賞は長いバスと短いバスに。車両には未知の領域もあるのだが，ペアで「努力賞と演出賞」。バスは見る人にインパクトを与えてほしいという主張も込めた。歴史編も読者には周知の「彼我の差」をより正確に理解して今後に期待を寄せるため。バスの方向性は国の進路を見定めることと同義だと思う。人々の生活の道具には重要な役割がある。人が集まるリゾート施設はあってもいいが，そこにギャンブル施設は必要ない。（W）

次号の『年鑑バスラマ2020→2021』は2021年1月末の発行予定です。写真等のご投稿は2020年12月10日までにお願いします。〈編集部〉

バスラマ最新刊の案内はぽると出版ウェブサイトでご覧ください
http://www.portepub.co.jp/

写真撮影・提供者

朝倉 博（HA），岩田正樹（MI），片岡 博（HK），儀武 博（HG），佐藤泰典（YS），清水健司（Sk），鈴木央文（Sz），田中 隆（TT），田中 正（Tn），中村公亮（Nk），西川 崇（TN），西塚 明（AN），藤岡知高（Fu），森川祥行（YM），森田哲史（Mo），三箭哲志（TM），山内重幸（Ya），山﨑聖吾（Yz），関東バス，ZMP（ZMP），西日本鉄道（NNR），阪神バス（HB），メーカー各社，バスラマ編集部（順不同・敬称略）

スタッフ・印刷所

〈和文英訳〉板倉素明
〈編集スタッフ〉斎藤 崇，柳沢孝尚，吉田英二，和田由貴夫 〈販売〉諸見 聡
〈印刷〉㈱ひでじま Printed in Japan

年鑑バスラマ 2019➡2020

2020（令和2）年1月31日発行
発行人 和田由貴夫
発行所 株式会社ぽると出版
〒155-0031 東京都世田谷区北沢2-23-7-302
☎(03)5481-4597 FAX(03)5481-6597 郵便振替00190-7-20159
URL http://www.portepub.co.jp/ E-mail portepub@nifty.com
定価：本体2,000円＋税 ISBN978-4-89980-520-5